中国文化知识文库

中国古代杰出帝王

徐潜/主编
张克 崔博华/副主编
张皓 刘姝君/编著

吉林出版集团
吉林文史出版社

图书在版编目（CIP）数据

中国古代杰出帝王 / 徐潜主编 .—长春：吉林文史出版社，2013. 3 （2025. 9重印）

ISBN 978-7-5472-1496-1

Ⅰ. ①中…　Ⅱ. ①徐…　Ⅲ. ①帝王-生平事迹-中国-古代-通俗读物　Ⅳ. ①K827-2

中国版本图书馆 CIP 数据核字（2013）第 063434 号

中国古代杰出帝王

ZHONGGUO GUDAI JIECHU DIWANG

主　　编　徐　潜
副 主 编　张　克　崔博华
责任编辑　张雅婷
装帧设计　映象视觉
出版发行　吉林文史出版社有限责任公司
地　　址　长春市福祉大路 5788 号
印　　刷　唐山富达印务有限公司
版　　次　2013 年 3 月第 1 版
印　　次　2025 年 9 月第 5 次印刷
开　　本　720mm×1000mm　1/16
印　　张　9.75
字　　数　250 千
书　　号　ISBN 978-7-5472-1496-1
定　　价　68.00 元

序　言

民族的复兴离不开文化的繁荣，文化的繁荣离不开对既有文化传统的继承和普及。这套《中国文化知识文库》就是基于对中国文化传统的继承和普及而策划的。我们想通过这套图书把具有悠久历史和灿烂辉煌的中国文化展示出来，让具有初中以上文化水平的读者能够全面深入地了解中国的历史和文化，为我们今天振兴民族文化，创新当代文明树立自信心和责任感。

其实，中国文化与世界其他各民族的文化一样，都是一个庞大而复杂的“综合体”，是一种长期积淀的文明结晶。就像手心和手背一样，我们今天想要的和不想要的都交融在一起。我们想通过这套书，把那些文化中的闪光点凸现出来，为今天的社会主义精神文明建设提供有价值的营养。做好对传统文化的扬弃是每一个发展中的民族首先要正视的一个课题，我们希望这套文库能在这方面有所作为。

在这套以知识点为话题的图书中，我们力争做到图文并茂，介绍全面，语言通俗，雅俗共赏。让它可读、可赏、可藏、可赠。吉林文史出版社做书的准则是“使人崇高，使人聪明”，这也是我们做这套书所遵循的。做得不足之处，也请读者批评指正。

编　者

2012年12月

目　录

轮台罪己——汉武帝

汉武帝承前启后，建立了丰功伟业。为强化中央集权，他削弱了藩王的力量；为壮大国力，他推动了经济的发展；为恩威远播，他剑锋直指匈奴。然而，汉武帝又是一个矛盾综合体，他爱民如子却又杀人如麻，重用贤臣却又滥施刑罚。当他的人生行至迟暮之年，他面对自己过往的狂悖，颇生悔意，于是一旨《轮台罪己诏》，让我们窥见了这位千古帝王的重重心影。

一、初试锋芒

汉武帝刘彻（前156—前87年），生于长安，幼名彘，是汉朝的第七位皇帝。汉武帝是汉景帝刘启的第十个儿子、汉文帝刘恒的孙子、汉高祖刘邦的曾孙，其母是皇后王娡。刘彻在4岁时被册立为胶东王，7岁时被册立为太子，

16岁登基，在位54年（前141—前87年），为西汉王朝建立了辉煌的功业。曾用年号：建元、元光、元朔、元封、元狩、元鼎、元封、太初、天汉、太始、征和、后元。谥号“孝武”，后葬于茂陵。《谥法》说“威强睿德曰武”，就是说汉武帝威严，坚强，睿智。他的雄才大略和文治武功使汉朝成为当时世界上最强大的国家，他也因此成为了中国历史上伟大的皇帝。

汉武帝是中国第一个使用年号的皇帝。他登基之初，继续他父亲生前推行的养生息民政策，进一步削弱诸侯的势力，颁布大臣主父偃提出的“推恩令”，以法制来推动诸侯分封诸子为侯，使诸侯的封地得到缩减。同时他设立刺史监察地方。在军队和经济上则加强中央集权，将冶铁、煮盐、酿酒等民间经营的行业收归中央管理，同时禁止诸侯国铸钱，将财政权收归于中央。他采用董仲舒“罢黜百家，独尊儒术”的建议为儒学在中国文化中的特殊地位奠定了基础。不过事实上，汉武帝在宣扬儒学的同时亦采用法规和刑法来巩固政府的权威和显示皇权的地位，因此汉学家认为这更应该是以法为主、以儒为辅、内法外儒的一种体制，对广大百姓宣扬儒道以示政府的怀柔，而对政府内部又施以严酷的刑法来约束大臣。而宣儒并不等于弃法，法依然是汉武帝时期的最终裁决手段，当时积极启用的汲黯和对司马迁用宫刑即是其中典型的例子。

春节始于太初改历，汉武帝改正朔。汉武帝时期，卫青、霍去病三次大规模出击匈奴，封狼居胥。张骞出使西域，开辟丝绸之路，从此西域成为几大文明交汇之地。

汉武帝是我国历史上一位具有雄才大略的皇帝，他是继始皇帝后又一位杰出的、有作为的政治家。汉武帝从小就表现出他的聪明才智。他幼年的老师卫绾，是个具有多方面才能的学者，精通儒学和文学，还懂得修车驾车等一套技术，曾辅导过河间王刘德，使刘德成为有真才实学的学问家。大约从汉武帝 7 岁时，卫绾就被任命为太子太傅，成为刘彻的老师。幼年时的刘彻很喜欢学习，对于儒学经典、骑射、文学，他都有很大的兴趣。他读到当时著名文学家枚乘的赋，非常佩服，一直很想见到枚乘本人。后来汉武帝做了皇帝，枚乘已经年老了，汉武帝为了表示尊崇他，还以最隆重的仪式，专派了安车蒲轮把他接到京城。因为汉武帝从小受到文学的熏陶，他自己的诗赋底子很好，至今还留下了很多首写得很优美的诗篇。比如有一首《秋风辞》传说是他所写的，其中的“秋风起兮白云飞，草木黄落兮雁南归。兰有秀兮菊有芳，怀佳人兮不敢忘”就很有情致。其他还有《天马歌》《李夫人歌》，传说都是他写的。此外，《汉书·佞幸传》还提到汉武帝幼年时的一位同学名叫韩嫣，曾和他一起学习《尚书》和骑射。这都说明汉武帝幼年时受到过良好的教育和训练。

幼年的汉武帝非常聪慧。笔记小说《汉武帝内传》说武帝小时候受到姑母长公主（皇帝的姐姐）刘嫖的喜爱，刘嫖有一次当着景帝的面问他，要不要娶她的女儿陈阿娇做妻子，小小的刘彻竟然聪明地回答：“如果能娶阿娇为妻，我一定要建造一所金屋子给她住。”这使得长公主和汉景帝都十分高兴。这就是“金屋藏娇”这个成语的来历。长公主刘嫖在景帝一朝是个举足轻重的政界人物，能对弟弟景帝有重要影响，对汉武帝后来被立为太子也起到了极为重要的作用。

前元七年（前 150 年），汉武帝被立为太子，这时他刚刚 7 岁。立太子事件本身是一场争夺激烈的政治斗争。本来，皇太子轮不到刘彻。汉景帝共有 13 个儿子，按照封建社会嫡长子的规定，他只可能被封为王。所以刘彻 4 岁时被封为胶东王，他的大哥刘荣被立为皇太子。刘荣虽为长子，但并非皇后所嫡生，他母亲栗姬和汉武帝刘彻的母亲王夫人同为一般妃嫔，栗姬不识大体，景帝很不

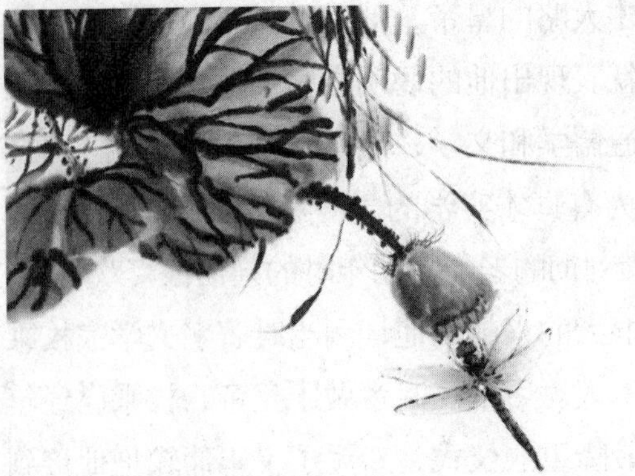

喜欢她。长公主刘嫖便利用机会向景帝说了栗姬的坏话，景帝终于下决心废去刘荣皇太子的名位，而改立刘彻为太子。刘荣被废以后，惹起另一些刘姓诸侯王对皇位的觊觎。例如景帝的弟弟梁王刘武，就曾乘机大肆活动，企图夺得皇位继承人的位置。事情不成，刘武竟然下毒手暗杀了反对他继承皇位的几位朝廷大臣。

上述几次皇位继承的斗争，说明了当时西汉皇室内部尚存在许多矛盾，这种斗争后来在一定程度上影响了汉武帝一代的政局和他的政策。

汉武帝在他16岁那年（前140年）即位为皇帝。因为他还比较年轻，所以实际上在他上面还有两位实权的掌握者：一位是他母亲王太后（即王美人，武帝立为太子后封为皇后），另一位是他的祖母、汉景帝的母亲窦太后。这两位太后，尤其是窦太后，在武帝一朝初期影响很大。

但是，年轻的汉武帝毕竟是锐意进取的，在刚即位的几年，即初步试图进行改革。从武帝建元元年至建元二年，从现有史籍看，汉武帝共做了下面几件事：第一，下诏书给丞相御史列侯太守等，号召他们推荐人才，叫做“举贤良方正直言极谏之士”。结果，全国各地推举上来一百多人，其中品德优良的称为“贤良”，以文词见长的叫做“文学”。汉武帝命令这些人在长安笔试，合格者又经过汉武帝面试。这次考核得到第一名的就是大名鼎鼎的董仲舒。他的“大一统”“罢黜百家，独尊儒术”的主张，就是在这次汉武帝面试对策时提出来的。第二，严格法制，要求臣下检举那些行为不轨的皇亲国戚，罪行核实后给予贬谪。为了缩小这些王侯的权限，还下令要求住在京城的王侯迁回自己的封地。第三，对百姓施行一些减轻负担的措施。如省去“转置迎送”的卫士两万人中的一万人，罢去苑马的喂养，把苑地赐给贫民等等。此外，武帝还及时处理了景帝时吴楚七国之乱的积案，命令把那些因吴楚叛乱罪而没为官奴者，全部给予赦免。

但是，汉武帝第一次初露锋芒的政治改革失败了。主要原因是他触犯了有权有势的皇亲国戚们的利益，这些皇亲国戚到他们的总后台窦太后那里告了状。

《汉书·田传》说，当时许多外戚都奉为列侯，而这些列侯又都是公主驸马，他们的势力在京城盘根错节，都不愿意到封地去，因此他们不断到窦太后那里诽谤新政，窦太后早就不满了。加上武帝建元二年（前 139 年），御史大夫（副宰相）赵倌又上奏给汉武帝，建议他以后不要再让窦太后干预国事，这等于取消窦太后的特权。这自然引起了窦太后的极大愤怒，在她的干预下，不仅汉武帝的新政皆被废除了，而且协助武帝改革的丞相窦婴、太尉田蚡也被罢免，御史大夫赵倌和郎中令王臧被关押后在狱中自杀。

二、唯才是举，不拘一格

从武帝建元二年（前139年）新政暂时失败，到武帝建元六年（前135年）窦太后病死的四年时间里，汉朝国家政治一直掌握在窦太后一派手中。窦太后安排她的亲信石建、庄青翟等为正、副丞相，汉武帝帝位形同虚设。但年轻有为的汉武帝并不因此俯首帖耳，而是在周围不断发现人才，培植自己的势力，等待时机，实现自己的政治抱负。例如后来成为汉武帝一代名臣的韩长孺（安国）、汲黯、公孙弘，著名文学家司马相如、东方朔，以及在开拓东南、西南立下汗马功劳的西汉杰出谋略家唐蒙、庄助，都是汉武帝在这一时期所发现并开始委以重任的。被司马迁誉为“为人多大略，智足以当世取舍”的韩安国，在此时被武帝任命为北地都尉，后又任命为大司农，窦太后死的那年，再升为副丞相。在地方任官期间做出杰出成绩，任太守岁余而“东海（今山东郯城）大治”的汲黯，也在武帝建元六年（前135年）被任命为主管列侯的主爵都尉。司马相如早就被汉武帝所赏识，建元年间（前140年—前135年）从四川被聘请到京城长安做郎官，从事审核和润色政府重要文告的工作。建元六年，武帝又让他以天子使节的名义，出使西南夷，抚慰那里的少数民族。唐蒙、庄助也在建元时期降服夜郎和东瓯方面建立了功勋。

武帝建元六年（前135年），窦太后病死，汉武帝摆脱了束缚，可以完全施展自己的抱负了。他立刻罢免了窦太后安插在朝廷里的所有党羽亲信，重新任命曾经协助他革新的舅父田为丞相，把韩安国提拔为御史大夫。

汉武帝从用人制度开始改革，他继续推行由郡国推举贤良方正的政策，为地主阶级各个阶层开辟广阔的仕途，使更多的有用之才不至于因为出身和资历的限制而被埋没。当时各地推荐或自荐上书谏言政治得失者，多至数千，武帝按其才能大小授官。自武帝建元元年（前140年）那次全国大推举之后，于远光元年（前134年）、元封五年（前106年），又几次要求郡国推举孝廉，贤良方正、茂才，他下诏书表示要将这些“有非常之功”的“非常之人”，破格任为

"将相"或"使绝国者"（出使远方国家）。汉武帝以这种用人标准，破格录用了主父偃和朱买臣。主父偃出身贫寒，长期怀才不遇，游历齐、燕、赵、中山诸国，但不为各诸侯王所用，元朔元年（前128年），他下定决心来到长安，直接向汉武帝上书九条，有八条谈及律令，一条谈讨伐匈奴之事，这两件事正是汉武帝密切关心的大事。主父偃上书后，汉武帝十分赞赏他，对主父偃以及与之同时上书的徐乐、严安说："公等皆安在，何相见之晚也。"随即拜主父偃等为郎中。以后主父偃不断给汉武帝出谋划策，武帝接连提拔他，一年内升官四次。后来主父偃成为"推恩令"政策的主要谋划者，为汉武帝中央集权的加强作出了贡献。朱买臣也出身低微，"常艾薪樵卖以给食"，也主动给武帝上书言政，借庄助之力为武帝"说春秋，言楚辞"而受到欣赏，拜为中大夫，后又因击破东越之功，升任主爵都尉，列为九卿之一。此外，武帝还从牧羊人中提拔了卜式，在奴隶中发现了大将卫青，在降虏中任用了金日碑。加上公孙弘、董仲舒、韩安国、郑当时、张骞、苏武、司马迁、司马相如、霍去病、霍光等，构成了整整一代辅佐之臣，开拓之将。

汉武帝用人制度的创新，还表现在他在董仲舒和公孙弘的建议下，在长安设立太学，选拔郡国优秀青年来长安受业，通过考试，从中发现治国之才。

三、削弱诸侯，打击豪强

（一）削弱诸侯

汉武帝亲政之后，首先面临的是如何进一步加强中央集权、巩固封建国家统治的问题。西汉王朝建立七十多年来，虽然高祖、吕后及文帝、景帝对异姓王和同姓王采取了不断打击和削弱的政策，但郡国王侯仍然有不小的势力。

文帝时，贾谊鉴于淮南王、济北王的谋逆，曾提出“众建诸侯而少其力”的建议。文帝在一定程度上接受了这一建议，但并没有完全解决问题。汉景帝即位后，采纳晁错的削藩建议，结果吴楚七国以武装叛乱相对抗。景帝迅速平定了叛乱，并采取一系列相应的措施，使诸侯王的势力受到很大的削弱。但至武帝初年，一些大国仍然连城数十，地方千里，骄奢淫逸，阻众抗命，威胁着中央集权的巩固。因此，元朔二年（前127年），主父偃上书武帝，建议令诸侯推私恩分封子弟为列侯。这样，名义是上施德惠，实际上是剖分其国以削弱诸侯王的势力。这一建议既迎合了武帝巩固专制主义中央集权的需要，又避免激起诸侯王武装反抗的可能，因此立即为武帝所采纳。同年正月，武帝颁布推恩令。推恩令下达后，诸侯王的子孙多得以受封为列侯，不少王国也先后分为若干侯国。按照汉制，侯国隶属于郡，地位与县相当。因此，王国分为侯国，就是王国的缩小和朝廷直辖土地的扩大。这样，汉朝廷不行黜陟，而藩国自分。此后，王国辖地仅有数县，彻底解决了王国问题。

（二）打击豪强

汉武帝在削弱诸侯王的同时，对不法的地方豪强也进行了打击。汉初七十年间，因为网禁疏漏，地主豪强势力得到了很大发展，他们有的勾结诸侯王，有的结党拉帮，形成一股很不易对付的势力。《汉书·游侠列传》说：武帝即位以来，一方面是诸侯王“皆招宾客以千数”，另一方面就是这些“布衣游侠”剧蒙、郭解之徒，“驰骛于闾阎，权行州域，力折公侯”。这种现象，显然不利于中央集权的统治，也危害了国家政策的进行和社会的安定。汉武帝毫不留情地对这些势力进行了严厉打击，他派出许多严于执法的官吏锄诛不法豪强。例如，王温舒任为河内太守，审讯郡中豪强，把这些盘根错节的豪强，连根锄掉，共株连千余家，“大者至族，小者乃死”，家产全部没收。经过这次打击，河内治安大有好转，“郡中无犬吠之盗”。汉武帝对号称“游侠”的豪强势力是毫不手软的。有这样一个故事：曾经“臧命作奸”“所杀甚重”的不法游侠郭解，到汉武帝徙各地豪强到长安附近的茂陵时，他通过大将军卫青说情，说他家势弱，不够迁徙的条件。汉武帝对卫青说：“郭解一个普通百姓，无官无职，竟然能劳驾一个大将军给他说情，也说明他在地方上的势力了。”仍坚持把他迁徙到京。郭解到京后，仍所为不法，结交私党，终于被汉武帝诛杀，汉武帝还往全国派出一批刺史，专门检查各地方豪强的情况，限制“强宗豪雄”的不法行动。经过这些措施，地方豪强势力受到了遏制，社会上比以前安定多了。

四、罢黜百家，独尊儒术

汉武帝在政治、经济方面加强了国家统一和中央集权的同时，在思想文化方面也采取了一些积极措施，这就是通常所说的“罢黜百家，独尊儒术”。汉武帝以后，儒家思想成为我国封建社会的正统思想，一直经历近两千年而不衰。

其实，儒家思想和儒家学派的逐渐抬头，是自汉初就已经开始的。儒家虽然经过秦始皇的焚书坑儒，受到一次沉重打击，但在秦汉之际，他们的代表人物已日趋活跃。孔鲋积极参加陈胜、吴广的反秦斗争，陆贾为刘邦献马下治国策，叔孙通为西汉王朝制定成套的礼仪，都说明这种思想学派对封建统治的确有利，可以成为巩固其统治的工具。

到汉武帝即位初年，儒家学派实际上已经成为社会上一股重要的政治力量。年轻的汉武帝初试锋芒的改革，就是在儒家人物窦婴、田蚡和王臧等人的协助策划下进行的。但是一方面由于汉武帝还十分年轻（年方十六七岁），太皇太后窦氏还是执掌大局的实权派；另一方面，当时黄老无为的道家学派尚有很大势力，后来谋叛反对汉武帝的淮南王刘安就是一个黄老学派的代表人物，他网罗了一批门客，集体编著了一部集黄老无为和孔、墨、申、韩大成的《淮南鸿烈》，大力提倡阴阳之学和道家之术，以作为和汉武帝进行政治争论的舆论工具。此时，窦太后是站在黄老派一边的，她十分不满意于汉武帝利用儒家人物进行革新，因此把汉武帝周围主张改革的儒家人物全部黜退。但是，当窦太后死后，汉武帝又全部将这些儒家起用，着手建立大一统宏伟帝国的赫赫大业。

儒家思想和儒家学派在汉武帝时期独成一尊，是有深刻的社会历史原因的，同时也由于儒家学术具有它自己有利的为其他学派所不及的条件。经过汉初 70 年的恢复，经济得到了较大的发展，国力富强了，统治者的欲望也增强了。因此汉朝高、惠、文、景时期那种“无为而治”的思想已经不符合最高统治阶级的要求，他们需要一种积极进取的统治思想来代替黄老无为思想。同时，西汉王朝发展到汉武帝时，经过景帝评定七国之乱后，王国势力受到了极大的削弱，所以使大力提高中央皇权具备了基本的条件。这两点都是儒家思想所具备的。另外，从儒家思想本身来讲，它的博大精深，含有政治、哲学、文学、教育、伦理等方面丰富内容的包罗万象的特点和以“仁政”为核心的政治观和道德观，也使它便于被封建统治者所全面利用，尤其是作为一种控制人民的思想观念，比其他各家思想都更有适应性。

汉武帝时期“罢黜百家，独尊儒术”文化思想的代表人物为董仲舒，他既是当时儒派的领袖，又是提出“独尊儒术”的发起者。《汉书·董仲舒传》说：“自武帝出立，魏其（指魏其侯窦婴）武安（指武安侯田）侯为相而隆儒矣。及仲舒对策，退命孔子，抑黜百家，立学校之官，州郡举茂材孝廉，皆自仲舒发之。”董仲舒受到汉武帝的很大推崇，自建元元年（前140年）贤良对策为武帝所欣赏后，他被武帝派到江都易王刘非那里当国相，以后又一度被公孙弘推举为胶西王刘端的国相，58岁以后，居家著作，但朝廷还不断派人向他请教，“朝廷如有大议，使使者及廷尉张汤，就其家而问之”（《汉书·董仲舒传》）。张汤是汉武帝特别重用的司法官，后来张汤把询问董仲舒的部分材料，整理成为《春秋决狱》一书。可见，老年的董仲舒，实际上仍然是西汉王朝政治上的重要顾问。董仲舒于汉武帝太初元年（前104年）病故，汉武帝有一次经过他的墓地，还专门下马，对这位知名的大儒表示敬意，后来把他的墓叫做“下马陵”，这些都体现出汉武帝对董仲舒的尊重。

汉武帝和董仲舒的“罢黜百家，独尊儒术”思想的主要内容是什么呢？

第一，独尊儒术，统一思想。这一点是窦婴、田蚡于汉武帝初即位协助改革时就提出来的主张，当时由丞相卫绾出面提出：“所举贤良，或治申、商、韩非、苏秦、张仪之言，乱国政，请皆罢。”就是说，除儒家外，法家纵横家首先归入罢黜之列。其后窦婴、田蚡等又提出“务隆推儒术，贬道家言”，把道家也贬入罢黜的行列。同时，董仲舒对于贤良对策的第三策中，比较更系统的“抑黜百家，独尊儒术”的主张，他认为“师异道，人异论，百家殊方”，决不利于政治的统一，“陈愚抑为诸不在六艺之科孔

子之术者，皆绝其道，勿使并进。邪辟之说灭息，然后统纪可一而法度可明，民知所从矣”。这时董仲舒把孔子“六艺”之外的各家，皆一概贬为“邪辟之说”，建议“皆绝其道”，这样就可以使法纪统一，人民统一在儒家思想中，所以汉武帝“独尊儒术”的最主要目的是配合政治上的统一而追求思想上的统一。

第二，尊崇孔子的儒术，为了证明天子至尊，为“强干弱枝”寻找理论上的根据。董仲舒在《春秋繁露·王道》中说：“又天子在，诸侯不得专地，不得专封，不得专执……不得致天子之赋，不得适天子之贵。”这就从理论上论证了诸侯必须完全受皇帝的支配，不得自尊自专，董仲舒认为春秋大一统思想，是“天地之常经，古今之通谊也”。因此，“尊儒”学说另一要点便在于“立义以明尊卑之分，强干弱枝以明大小之职”。这是完全为汉武帝的政治上大一统和加强中央集权作舆论宣传的。

第三，提倡儒家的仁政。在董仲舒的对策中，提出了许多缓和阶级矛盾的措施。儒家反对用严刑对待人民，严厉谴责法家任刑而不尚德造成的“刑者甚众，死者相望，而奸不息”。董仲舒还提出了“薄赋敛，省徭役，以宽民力”“限民名田”以“塞并兼之路”来防止过分贫富分化，避免出现“富者田连阡陌，贫者无立锥之地”的现象。儒家代表董仲舒的这些主张，是从封建统治者长远利益提出来的改革方案，清醒的封建政治家是会看到这一点的。锐意进取的，希望能使西汉王朝长治久安的汉武帝，选中儒家作为封建统治的正统思想，也是很自然的。

另外，在全国范围内推行儒学教育体制，用儒家思想来培养封建地主阶级的接班人，也是“独尊儒术”的内容之一。元朔五年（前 124 年），汉武帝接受董仲舒、公孙弘等人建议，兴办了我国历史上第一所正式的大学——太学，第一批置博士底子（太学学生）50 人。这所大学全用儒家吴京作为课程，教师全部聘请精通儒学的博士担任，武帝时始设 7 人，到宣帝时增加到 14 人。到西汉末年，太学学生增加到 1 万人，东汉末，更增加至 3 万人左右。这批完全用儒家思想培养起来的人才，成为封建专制主义中央集权最得力的维护者，除中央兴办太学外，汉武帝还提倡在郡国兴办地方学校。

综上所述，可以看出汉武帝“罢黜百家，独尊儒术”，实为社会历史发展之必然，是为了封建统治者长远利益的需要，汉武帝的这一文化教育政策，与他的经济政治集权政策，完全是一致的。

五、巩固和发展多民族的统一国家

汉武帝的雄才大略，更为重要的是表现在他在巩固和发展我国多民族统一国家方面所作出的贡献。在他统治的54年里，他平定了闽越和南越的叛乱，加强了对西南夷地区的统治，开拓了东北和西北的疆土，使今新疆和甘肃西部纳入祖国的版图，东北地区的疆域则从今辽东半岛一直扩大到浑江、鸭绿江流域。汉武帝还对北方强悍的匈奴奴隶主贵族进行了反击战争，解除了北方游牧民族对汉王朝的巨大威胁，保证了山西、河北一带农业生产的正常进行。

（一）北击匈奴

公元前3世纪的战国时期，在我国北方的大草原上兴起了一个游牧民族——匈奴。秦末汉初，即匈奴冒顿单于、老上单于、军臣单于统治时期（前209—前128年），匈奴势力达到极盛，统治着东到大兴安岭，西到祁连山、天山，北到贝加尔湖，南到河套的广大地区。匈奴贵族为了掠夺财物和奴隶，经常南下骚扰中原王朝的北部边疆。

西汉初年，汉王朝由于经济力量尚未恢复起来，而且内部不够稳定，从刘邦在位时期到汉武帝初年，一直对匈奴实施和亲政策，每年送给匈奴大量的礼物和金钱。但是，和亲政策并没能阻挡匈奴贵族的侵扰，北部边疆的生产时常遭到破坏，无数汉族人民被抢走或杀死。汉武帝即位后，专制集权空前强化，社会经济有了很大发展，军事实力也得到加强。汉武帝决定改变和亲政策，发动了全面反击匈奴的大规模战争。

公元前129年，匈奴又一次兴兵南下，前锋直指上谷（今河北省怀来）。汉武帝果断地任命卫青为车骑将军，迎击匈奴。这次用兵，汉武帝分派四路出击。车骑将军卫青直出上谷，骑将军公孙敖从代郡（今河北蔚县东北）出兵，轻车将军公孙贺从云中（今内蒙古托克托东北）出兵，骁骑将军李广从雁门出兵。

四路将领各率一万骑兵。卫青虽是首次出征，但他英勇善战，直捣龙城（匈奴祭扫天地祖先的地方），斩首700人，取得胜利。另外三路，两路失败，一路无功而还。汉武帝看到只有卫青胜利凯旋，大家赞赏，加封其为关内侯。

汉朝对匈奴的反击，使得匈奴的进犯更加猖狂了。公元前128年的秋天，匈奴骑兵大举南下，先攻破辽西，杀死了辽西太守，又打败渔阳守将韩安国，劫掠百姓两千多人。汉武帝派匈奴人敬畏的飞将军李广镇守右北平（今辽宁省凌源西南），匈奴兵则避开李广，而从雁门关入塞，进攻汉朝北部边郡。汉武帝又派卫青出征，并派李息从代郡出兵，从背后袭击匈奴。卫青率三万骑兵，长驱而进，赶往前线。卫青本人身先士卒，将士们更是奋勇争先。斩杀、俘获敌人数千名，匈奴大败而逃。

公元前127年，匈奴贵族集结大量兵力，进攻上谷、渔阳。武帝决定避实击虚，派卫青率领大军进攻长期被匈奴盘踞的河南地（黄河河套地区）。这是西汉对匈奴的第一次大战役。卫青率领四万大军从云中出发，采用“迂回侧击”的战术，绕到匈奴军的后方，迅速攻占高阙（今内蒙古杭锦后旗），切断了驻守河南地的匈奴白羊王、楼烦王同单于王庭的联系。然后，卫青又率领精骑，飞兵南下，进到陇西，形成了对白羊王、楼烦王的包围之势。匈奴白羊王、楼烦王见势不好，仓皇率兵逃走。汉军活捉敌兵数千人，夺取牲畜一百多万头，完全控制了河套地区。因为这一带水草肥美，形势险要，汉武帝在此修筑朔方城（今内蒙古杭锦旗西北），设置朔方郡、五原郡，从内地迁徙十万人到那里定居，还修复了秦时蒙恬所筑的边塞和沿河的防御工事。这样，不但解除了匈奴骑兵对长安的直接威胁，也建立起了进一步反击匈奴的前方基地。

匈奴贵族不甘心在河南地的失败，一心想把朔方重新夺回去，在几年内多次出兵，但都被汉军挡了回去。公元前124年春，汉武帝命卫青率三万骑兵从高阙出发；苏建、李沮、公孙贺、李蔡都受卫青的节制，率兵从朔方出发；李息、张次公率兵由北平出发。这次总兵力有十几万人。匈奴右贤王认为汉军离得很远，一时不可能来到，便放松了警惕。卫青率领汉军急行军六七百里，趁着黑夜包围了右贤王的营帐。这时，右贤王正在帐中拥着美妾，畅饮美酒，已经醉意浓浓

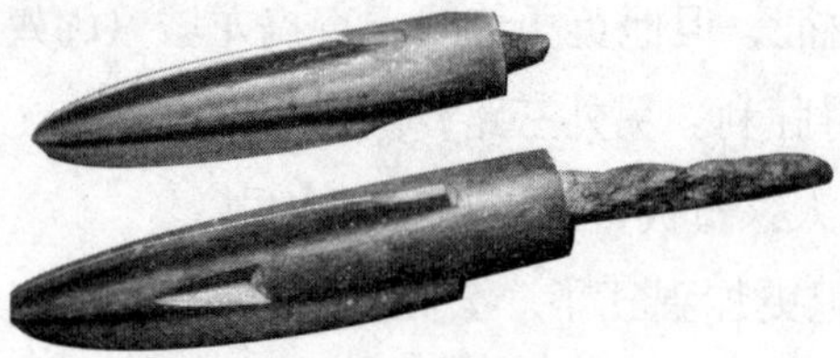

了。忽听帐外杀声震天，火光遍野，右贤王惊慌失措，忙把美妾抱上马，带了几百壮骑，突出重围，向北逃去。汉军轻骑校尉郭成等领兵追赶数百里没有追上，却俘虏了右贤王等小王十余人，男女一万五千余人，牲畜几百万头。汉军大获全胜，高奏凯歌，收兵回朝。

经过几次打击，匈奴依然猖獗。入代地，攻雁门，劫掠定襄（今内蒙古和林格尔）、上郡（今陕西绥德东南）。公元前 123 年农历二月，汉武帝又命卫青攻打匈奴。公孙敖为中将军，公孙贺为左将军，赵信为前将军，苏建为右将军，李广为后将军，李沮为强弩将军，分领六路大军，统归大将军卫青指挥，浩浩荡荡，从定襄出发，北进数百里，歼灭匈奴军数千名。这次战役中，卫青的外甥霍去病率八百精骑首次参战，取得了歼敌两千余人的辉煌战果。战后全军返回定襄休整，一个月后再次出塞，斩获匈奴士兵一万多名。但是，右将军苏建和前将军赵信与匈奴打了一场遭遇战，汉军死伤惨重，苏建突围逃回，赵信原本便是匈奴降将，兵败后又投降了匈奴。

公元前 121 年，西汉对匈奴的第二次大战役开始，霍去病担任指挥，战后汉朝完全控制了河西地区，切断了匈奴与羌人的联系。为了彻底击溃匈奴主力，汉武帝调集全国的财力、物力，准备发动对匈奴的第三次大战役。公元前 119 年春，汉武帝召集诸将开会，商讨进军方略。他说："匈奴单于采纳赵信的建议，远走沙漠以北，认为我们汉军不能穿越沙漠，即使穿越，也不敢多作停留。这次我们要发起强大的攻势，达到我们的目的。"于是汉武帝亲自挑选了十万匹精壮的战马，由大将军卫青、骠骑将军霍去病各率领精锐骑兵五万人，分作东西两路，远征漠北。为解决粮草供应问题，汉武帝又动员了私人马匹四万多，步兵十余万人负责运输粮草辎重，紧跟在大军之后。

原计划远征大军从定襄北上，由霍去病率骁勇善战的将士专力对付匈奴单于。后来从俘获的匈奴兵口中得知匈奴伊稚斜单于远在东方，于是汉军重新调整战斗序列。汉武帝命霍去病从东方的代郡出塞，卫青从定襄出塞。卫青大军北行一千多里，跨越大沙漠，与严阵以待的匈奴军相遇了。卫青临危不惧，命令部队用武刚车（铁甲兵车）迅速环绕成一个坚固的阵地，然后派出五千骑兵向敌阵冲击。匈奴出动一万多骑兵迎战。双方展开激战，非常惨烈。黄昏时分，忽然刮起暴风，尘土滚滚，沙砾扑面，顿时一片黑暗，两方军队互相不能分辨。卫青乘机派出两支生力军，从左右两翼迂回到单于背后，包围了单于的大营。伊稚斜单于发现汉军数量众多，而且人壮马肥、士气高昂，大为震动，料知很难取胜，就慌忙跨上马，在数行精骑的保护下奋力突围，向西北方向飞奔而去。

这时，夜幕已经降临，战场上双方将士仍在喋血搏斗，喊杀声惊天动地。卫青得知伊稚斜单于已突围逃走，马上派出轻骑兵追击。匈奴兵得知单于已经出逃，军心大乱，四散逃命。卫青率大军乘夜挺进。天亮时，汉军已追出二百多里，虽然没有找到单于的踪迹，却斩杀并俘虏匈奴官兵一万九千多人。卫青大军一直前进到真颜山赵信城（今蒙古乌兰巴托市西），获得了匈奴囤积的粮草，补充军用。他们在此停留了一天。然后烧毁赵信城及剩余的粮食，胜利班师。霍去病率领的东路军，北进两千多里，与匈奴左贤王的军队遭遇。经过激战，俘获了匈奴三个小王以及将军、相国、当户、都尉等83人，消灭匈奴七万多人。左贤王败逃而去。这次战役，汉军打垮了匈奴的主力，使匈奴元气大伤。从此以后，匈奴逐渐向西北迁徙，出现了“漠南无王庭”的局面，匈奴对汉朝的军事威胁基本上解除了。

（二）南征闽越

西汉时期的闽越，包括今天的福建和浙江一带，这一地区从秦始皇时期就已经是中央王朝的一部分。秦末农民战争期间，其地又出现了以温州为中心的东瓯和以福建为中心的闽越国两股割据势力。闽越国实力雄厚，“甲卒不下数十万”。闽越王凭借自己的实力，根本不把西汉王朝放在眼里，并且还经常派兵向西汉政府挑衅，或焚烧汉军的楼船，或用兵在汉境骚扰。“吴楚七国之乱”被平定后，闽越王让吴王刘濞的儿子到他那里避难，企图共同蓄谋反汉。闽越王还不断出兵向北边的东瓯和南边的南越进攻。这些活动不仅严重影响着西汉王朝在全国的统治，而且给人民带来了许多战乱之苦。汉武帝决心消除这一祸患。

汉武帝和闽越的交锋前后一共有三次：

一次在汉武帝建元三年（前138年），闽越派兵攻打东瓯，东瓯君向西汉王朝求援。汉武帝这时刚刚即位两年，年方19岁，但他毅然决定帮助东瓯，解除闽越的威胁，派出了严助（即庄助）带领会稽（今江苏苏州）郡兵从海上救援东瓯。结果闽越退了兵，东瓯王带着四万军民迁到江淮之间地区。第二次是在汉武帝建元六年（前135年），闽越又出兵进攻南越，汉武帝派出王恢和韩安国两路大军支援南越，东进闽越。由于闽越内部政变，闽越王的弟弟余善杀死了国王，向汉将王恢表示归降，汉武帝才下令罢兵。第三次是在汉武帝元鼎六年（前111年），闽越王余善又一次起兵直接向汉王朝进攻，把进攻汉兵的大将号为“吞汉将军”，并自行刻成玉玺，准备称帝，与西汉王朝分庭抗礼。汉武帝派了大将韩说、杨仆、王温舒、朱买臣等五路水陆大军南进闽越。汉军势如破竹，在大军压境的情况下，闽越内部又一次严重内讧，部将杀死余善投降。汉武帝平息了这次叛乱后，为防止后患，把闽越的贵族臣民统统迁徙到江淮之间。此后闽越地区一直较为安定，生产得到较快发展。

（三）征服南越

汉武帝平定南越的战争，发生在汉武帝元鼎五年（前112年）。汉初，南越王赵佗和汉高祖刘邦关系很好，汉武帝又帮助赵佗解除了闽越进攻的威胁，使之更加感恩戴德，甚至把自己的儿子赵婴齐送到长安做汉武帝的侍从。但是后来南越统治内部发生了矛盾，丞相吕嘉势力逐渐强大，与南越王太后发生争执，甚至在朝廷中动武，吕嘉逃出。几个月后吕嘉发动政变，杀掉南越王和王太后，同时也杀死了汉朝派去的时节，公开叛乱。汉武帝派遣了十多万军队分五路进攻南越，在汉武帝元鼎六年（前111年），攻下了番禺（今广东广州）。这时汉武帝本人正在山西黄河巡视，听到这个消息十分高兴，立刻把该地改名闻喜，后来走到河南汲县（今汲县西南）西，又听到吕嘉被俘获的消息，便又把当地叫做获嘉，这就是今天山西闻喜县和河南获嘉县名称的由来。南越平定以后，汉武帝在该地区建立了9郡，其中6个郡在今广东、广西境内，三个郡在今越南北部。

（四）平定西南夷

西南夷是指今天甘肃南部、四川西部和南部、贵州北部和西部以及云南和西藏昌都一带地区。西汉时候，这一地区有许多少数民族建立的小国，较大的有今贵州北部一带的夜郎及今云南昆明一带的滇等。汉武帝时陆续把这些地区归入西南版图。汉武帝建元六年（前 135 年）左右，由唐蒙带领一千人进入夜郎，建犍为郡，元封二年（前 109 年）汉武帝派兵入滇，迫使滇王请降，在其地置益州郡。从此云贵地区正式成为中央王朝的郡县。其后，汉武帝又继续把西南夷地区全部归入西汉版图，在那里新置了牂牁等六郡。

（五）设立汉四郡

公元前 109 年，汉武帝派兵由水陆两路进攻，消灭了盘踞在朝鲜半岛北部的卫氏朝鲜。公元前 108 年，汉武帝统一其旧域后，在那里划分地方行政区域，设置了乐浪郡、玄菟郡、真番郡、临屯郡，史称“汉四郡”。四郡其下各辖若干县，郡县长官由汉朝中央派遣汉人担任。很显然，“汉四郡”的设置，说明汉武帝已经将朝鲜半岛北部地区纳入了自己的统治范围。

（六）张骞出使西域

西汉时期，狭义的西域是指玉门关、阳关(今甘肃敦煌西)以西，葱岭以东，昆仑山以北，巴尔喀什湖以南，即汉代西域都护府的辖地。广义的西域还包括葱岭以西的中亚细亚、罗马帝国等地，包括今阿富汗、伊朗、乌兹别克，至地中海沿岸一带。

西域以天山为界分为南北两个部分，百姓大都居住在塔里木盆地周围。西汉初年，有“三十六国”：南缘有楼兰(鄯善，在罗布泊附近)、婼羌、且末、于阗(今和田)、莎车等，习称“南道诸国”；北缘有姑师(后分前、后车师，在今吐鲁

番)、尉犁、焉耆、龟兹(今库车)、温宿、姑墨(今阿克苏)、疏勒(今喀什)等，习称“北道诸国”。此外，天山北麓有前、后蒲额和东、西且弥等。它们面积不大，多数是沙漠绿洲，也有山谷或盆地。人口不多，一般两三万人，最大的龟兹是八万人，小的只有一两千人，居民从事农业和畜牧业。除生产谷物以外，有的地方还盛产葡萄等水果和最好的饲草苜蓿。畜牧业有驴、马、骆驼。此外，还有玉石、铜、铁等矿产，有的地方居民已懂得用铜铁铸造兵器。天山南北各国，虽然很小，但大都有城郭。各国国王以下设有官职和占人口比重很大的军队。公元前二世纪，张骞出使西域以前，匈奴贵族势力伸展到西域，在焉耆等国设有幢仆都尉，向各国征收繁重的赋税，“赋税诸国，取畜给焉”，对这些小国进行奴役和剥削。

当时，正在伊犁河流域游牧的大月氏，是一个著名的“行国”，有 40 万人口。他们曾居住在敦煌和祁连山之间，被匈奴一再打败后，刚迁到这里不久。匈奴杀月氏王，“以其头为饮器”。因此，大月氏与匈奴是“世敌”。

汉朝日趋强盛后，计划积极地消除匈奴贵族对北方的威胁。武帝听到有关大月氏的传言，就想与大月氏建立联合关系，又考虑西行的必经道路——河西走廊还处在匈奴的控制之下，于是公开征募能担当出使重任的人才。

建元三年（前 138 年)，张骞“以郎应募，使月氏”。“郎”是皇帝的侍从官，没有固定职务，随时可能被选授重任。

张骞，汉中成固人。他是一个意志力坚定、办事灵活而又胸怀坦荡的人。他出使中途即被匈奴截留下来，在匈奴十多年，始终保持着汉朝的特使符节，匈奴单于强迫他娶当地人作妻、生了儿子，但这也没有动摇他完成使命的决心。他住在匈奴的西境，等候机会。张骞终于找到机会率领部属逃离了匈奴。他们向西急行几十天，越过葱岭，到了大宛。由大宛介绍，又通过康居，到了大夏，张骞这才找到了大月氏。十多年来，大月氏这个“行国”已发生了很大变化：一是在伊犁河畔受到乌孙的攻击，又一次向西远徙。乌孙共有 63 万人，也是个“行国”，曾在敦煌一带游牧，受过大月氏的攻击。后来匈奴支持乌孙远袭大月氏，大月氏被迫迁到阿姆河畔，而乌孙却在伊犁河留住下来。自从大月氏到了阿姆河，不仅用武力臣服了大夏，还由于这里土地肥沃，逐渐由游牧生活，改向农业定居，无意东还，再与匈奴为敌。张骞在大月氏逗留了一年多，得不到结果，只好归国。回国途中，又被匈奴拘禁一年多。公元前126年，匈奴内乱，张骞乘机脱身回到长安。

张骞出使时带着一百多人，历经13年后，只剩下他和堂邑父两个人回来。这次出使，虽然没有达到原来的目的，但对于西域的地理、物产、风俗习惯有了比较详细的了解，为汉朝开辟通往中亚的交通要道提供了宝贵的资料。

张骞回来以后，向武帝报告了西域的情况。这就是《汉书·西域传》资料的最初来源。之后，由于张骞随卫青出征立功，“知水草处，军得以不乏”，被武帝封为“博望侯”。

元狩四年(前119年)，张骞第二次奉派出使西域。这时，汉朝业已控制了河西走廊、积极进行武帝时对匈奴最大规模的一次战役。几年来汉武帝多次向张骞询问大夏等地情况，张骞着重介绍了乌孙到伊犁河畔后已经与匈奴发生矛盾的具体情况，建议招乌孙东返敦煌一带，跟汉共同抵抗匈奴。这就是“断匈奴右臂”的著名战略。同时，张骞也着重提出应该与西域各族加强友好往来。这些意见得到了汉武帝的采纳。

张骞率领300人组成的使团，每人备两匹马，带牛羊万头，金帛货物价值“数千巨万”，来到乌孙，游说乌孙王东返，没有成功。他又分遣副使持节到了大宛、康居、月氏、大夏等国。元鼎二年(前115年)张骞回来，乌孙派使者几十人随同张骞一起到了长安。此后，汉朝派出的使者还到过安息(波斯)、身毒(印度)、奄蔡(在咸海与里海间)、条支(安息属国)、犁轩(附属大秦的埃及亚历山大城)，中国使者还受到安息专门组织的两万人的盛大欢迎。安息等国的使者也不断来长安访问。从此，汉与西域的交通开始建立起来。

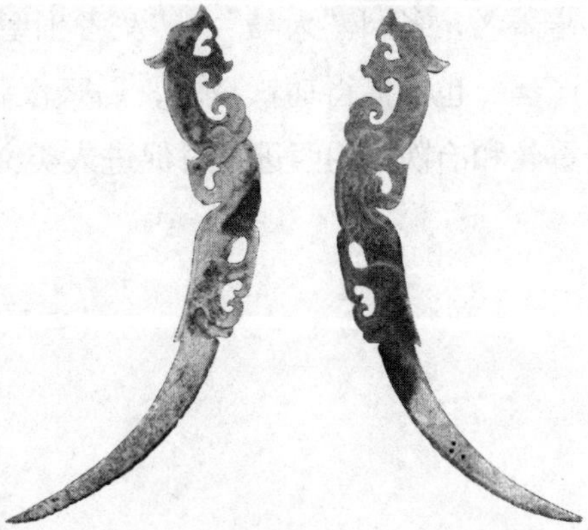

元鼎二年(前115年)，张骞回到汉朝后，拜为大行令，第二年死去。他死后，汉同西域的关系进一步发展。元封六年(前105年)，乌孙王以良马千匹为聘礼向汉请求和亲，武帝把江都公主细君嫁给乌孙王。细君死后，汉又将楚王戊孙女解忧

公主嫁给乌孙王。解忧的侍者冯嫽深知诗文事理，作为公主使者常持汉节赏赐诸国，深得尊敬和信任，被称为冯夫人。她的活动，巩固和发展了汉同乌孙的关系。神爵三年(前60年)，匈奴内部分裂，日逐王先贤掸率人降汉，匈奴对西域的控制瓦解。汉宣帝任命卫司马郑吉为西域都护，驻守在乌垒城(今新疆轮台东)，这是汉朝在葱岭以东（今巴尔喀什湖以南）的广大地区正式设置行政机构的开端。

匈奴奴隶主对西域各族人民的剥削、压迫是极其残酷的。西汉的封建制度较之匈奴的奴隶制度要先进得多。因此，新疆境内的各族人民都希望摆脱匈奴贵族的压迫，接受西汉的统治。西汉政府在那里设置常驻的官员，派去士卒屯田，并设校尉统领，保护屯田，使汉族人民同新疆各族人民的交往更加密切了。

汉通西域，虽然起初是出于军事目的，但西域开通以后，它的影响远远超出了军事范围。从西汉的敦煌，出玉门关，进入新疆，从新疆连接中亚的一条横贯东西的通道，再次畅通无阻。这条通道就是后世闻名的“丝绸之路”。“丝绸之路”把西汉同中亚许多国家联系起来，促进了它们之间的经济和文化的交流。由于我国历代封建中央政府都称边疆少数民族为“夷”，所以张骞出使西域成为汉夷之间的第一次文化交融。西域的核桃、葡萄、石榴、蚕豆及苜蓿等十几种植物，逐渐在中原得到栽培。龟兹的乐曲和胡琴等乐器传入中原后，丰富了汉族人民的文化生活。汉军在鄯善、车师等地屯田时使用穿井术打造的地下相通的井，习称“坎儿井”，在当地逐渐推广。此外，大宛的汗血宝马在汉代非常著名，名曰“天马”，“使者相望于道以求之”。那时大宛以西到安息国都不产丝，也不懂得铸铁技术，后来汉朝的使臣和散兵把这些技术传了过去。中国蚕丝和冶铁术的西进，对促进人类文明的发展做出了巨大贡献。

六、巫蛊之祸

巫蛊之祸是汉武帝末年封建统治集团内部发生的重大政治事件，皇后卫子夫、太子刘据、诸邑公主与阳石公主和数位大臣皆死于巫蛊之祸。巫蛊为一种巫术。当时人们认为使巫师祠祭或以桐木偶人埋于地下，诅咒所怨者，被诅咒者即有灾难。征和二年（前91年），丞相公孙贺之子公孙敬声被人告发为巫蛊咒武帝，与阳石公主通奸，贺父子下狱死，诸邑、阳石公主皆坐诛。武帝命宠臣江充为使者治巫蛊，江充与太子有隙，遂陷害太子，并与案道侯韩说、宦官苏文等四人查，太子自杀，卫后亦自杀。久之，巫蛊事多不信。田千秋等上书讼太子冤，武帝乃夷江充三族。又做“思子宫”，于太子被害处作“归来望思之台”，以志哀思。

汉武帝晚年十分奢侈，常常大兴土木，国库因此空虚。他还喜好任用酷吏，加重刑罚，也因此杀人无数。太子刘据则经常劝他与民休息，尽量减轻老百姓的负担，实行宽厚仁德的政策导致汉武帝逐渐对刘据产生了不满和怨恨。

除太子刘据外，汉武帝还有5个儿子。在这6个儿子里面，汉武帝最喜欢的是小儿子刘弗陵。汉武帝经常夸赞刘弗陵与自己最像，刘据太子的地位因此岌岌可危。

汉代巫蛊术十分盛行。这种巫蛊术，也传进了皇宫。那些怨恨皇帝、皇后和其他人的美人、宫女，也纷纷埋藏木头人，偷偷地诅咒起来。汉武帝对这些很迷信。一天中午，他正在睡觉，忽然梦见几千个手持棍棒的木头人朝他打来，他猛然惊醒，以为有人在诅咒他，立即派江充去追查。江充是一个心狠手辣的人，他找了不少心腹，到处发掘木头人，并且还用烧红了的铁器钳人、烙人，强迫人们招供。不管是谁，只要被江充扣上“诅咒皇帝”的罪名，都不能活命。没过几天，他就诛杀了上万人。

在这场惨案中，丞相公孙贺一家，还有阳石公主、诸邑公主等人，都被汉武帝斩杀了。江充见汉武帝居然可以

对自己的亲生女儿下毒手，就更加放心大胆地查办起来。他让巫师对汉武帝说：“皇宫里有人诅咒皇上，蛊气很重，若不把那些木头人挖出来，皇上的病就好不了。”于是，汉武帝就委派江充带着一大批人到皇宫里发掘木头人。他们先从跟汉武帝疏远的后宫开始，一直搜查到卫皇后和太子刘据的住室，屋里屋外都给掘遍了，都没找到一块木头。

为了陷害太子刘据，江充趁别人不注意，把事先准备好的木头人拿出来，大肆宣扬说：“在太子宫里挖掘出来的木头人最多，还发现了太子书写的帛书，上面写着诅咒皇上的话。我们应该马上奏明皇上，办他的死罪。”刘据见江充故意陷害自己，打算亲自到甘泉宫去奏明皇上，希望能得到皇上的赦免。而江充害怕刘据向汉武帝揭发自己的阴谋，赶紧派人拦下刘据的车马，说什么也不放他走。刘据被逼得走投无路，只好让一个心腹装扮成汉武帝派来的使者，把江充等人监押起来。

刘据指着江充骂道：“你这个奸臣，居然想挑拨我们父子的关系？”说完，刘据就借口江充谋反，命武士将他斩首示众。太子刘据为预防不测，急忙派人通报给卫皇后，调集军队来保卫皇宫。而这时，宦官苏文等人逃了出去，报告汉武帝说是太子刘据起兵造反。汉武帝信以为真，马上下了一道诏书，下令捉拿太子。

事到临头，刘据只好打开武库，把京城里的囚犯武装起来，抵抗前来镇压“造反”的军队。并想调集胡人军团与北军，结果胡人军团被汉武帝调集镇压太子叛乱，北军监护使者任安受了太子的印后闭门不出。太子还向城里的文武百官宣布：“皇上在甘泉宫养病，有奸臣起来作乱。”结果弄得城里的官民也不知道究竟是谁在造反，就更加混乱起来。

双方在城里混战了四五天，死伤无数，大街上到处都是尸体和血污。结果，刘据被打败，只好带着他的两个儿子逃往南门，守门官田仁放太子逃出长安，最后跑到湖县（今河南灵宝西）的一个普通百姓家里躲藏起来。

不久，新安（今河南渑池东）县令李寿查到了太子的下落，就带领人马前来捉拿。刘据无处可逃，只好在门上拴了一条绳子，上吊而死。他的两个儿子和那一家的主人，也被李寿手下的张富昌等人杀死了。此时在宫中的卫皇后也已自尽身亡。

后来，汉武帝派人调查此事，才知道卫皇后和太子刘据从来没有埋过木头人，这一切都是江充搞的鬼。在这场祸乱中，他死了一个儿子和两个孙子，即悲伤又后悔。于是，他就下令灭了江充的宗族，宦官苏文被活活烧死。其他参与此事的大臣也都被处死。

最后，汉武帝难逃后悔之情，就派人在湖县修建了一座宫殿，叫作“思子宫”，又造了一座高台，叫作“归来望思之台”，借以寄托他对太子刘据和那两个孙子的思念。

七、轮台之诏

汉武帝北伐匈奴，西通西域，南平闽越南越，于西南夷地区置郡，这都是开边兴利，对中华民族的历史具有巨大意义的大事，也是他对我国千秋万代作出的贡献，所以班固称汉武帝为有“雄才大略”的皇帝。

但是，在封建社会，大凡有作为的皇帝，一般又都急功近利，好大喜功。在他们为民族作出杰出贡献的同时，又常常伴随着对人民的极大骚扰，造成人力、物力、财力方面的巨大浪费。汉武帝便是这样一位皇帝。历史对他是有鲜明的是与非、功与过的评价的。比如《史记》说他即位之初，本来“人给家足”，府藏皆满，但经过汉武帝对外连续进行 32 年的战争后，变成为“海内虚耗”。到汉武帝元封四年（前 107 年），更是险象环生，关东流民达到 200 万口，无名数者尚有 40 万。社会矛盾因之日益严重，终于酿成了天汉年间（前 100 年—前 97 年）的农民起义，这时“天下骚动”，起义遍及关东地区，大者数千人，小群数百人，攻城邑，掠乡里。另一方面，由于汉武帝政治上处理不当，也造成了统治阶级内部矛盾的尖锐化，卫太子的巫蛊案件便是这种矛盾激化的表现。卫太子是汉武帝的卫皇后生的儿子，大将卫青的外甥，于汉武帝元狩元年（前 122 年）被立为太子，因为政见不合（卫太子公然反对汉武帝“征伐四夷”的政策），于征和二年（前 91 年）终于和汉武帝之间的矛盾激化，于是出现了巫蛊之狱。有人告发太子用巫蛊（一种迷信方式）诅咒汉武帝，因而被汉武帝废黜。这一案件涉及了许多统治阶级的上层人物，包括卫皇后和他的家族、武帝宠爱的李夫人及其家族以及丞相公孙贺一家，“大臣无罪夷灭者数十家”。这一案件到第二年被认为是冤狱，卫太子得到了昭雪。但是对于汉武帝来说，内心得到的震动是相当大的，从这里也深感到有必要重新认识一下过去几十年的政策。

一个是社会阶级矛盾的深化，一个是统治阶级内部斗争的尖锐化，这两点

使汉武帝发出了“轮台之诏”。轮台诏是一份悔过的诏书，这是中国古代帝王罪己以收民心的一次比较成功的尝试，也说明汉武帝毕竟还是一位有见识的政治家，在自己统治的最后关头，终于看到自己过去政策的失误，向人民表示忏悔，这在古代封建帝王中是不多见的。

轮台之诏下于汉武帝征和四年（前 89 年），在此之前，汉武帝在自己多次讲话和诏令中逐渐检讨自己的过错。比如在这一年的三月，有一天他走到三洞的广饶县，看到农民在辛勤地劳动，不禁想起对不住人民的地方，一边亲自拿着农具，到田里参加劳动，一边说：“朕即位以来，所为狂悖，使天下愁苦，不可追悔。自今，事有伤害百姓，靡费天下者，悉罢之！”不久，大臣田千秋请求汉武帝斥退方士，不要再搞求神仙的事，汉武帝也十分同意，说:“向时愚惑，为方士所欺，天下岂有仙人？尽妖妄耳！”他后悔自己过去劳民伤财的行为，但已无法挽回了。到这年六月，当搜粟都尉（管理粮食的官）桑弘羊又请求汉武帝派人到轮台修筑堡垒、驻扎军队时，汉武帝便下诏说：此前曾有人请求按人口增加三十钱作为边用，这实际上是加重老弱孤独者的困苦，是“扰劳天下”的行为，“朕不忍闻”。今后的政策应当“务再禁苛薄，止擅赋，力本农，修马复令”。这就是所谓的“轮台悔过”的诏书。这是汉武帝一生政策的一个重大的转折，此后他表示要在着重“思富养民”方面多下功夫。他任命田千秋做宰相，并特封“富民侯”，还任命农业家赵过为搜粟都尉，让他在全国范围内推广先进的“代田法”，加强对农业生产的领导。以后赵过又改进很多“田器”（农业生产的工具），由中原逐渐推广到边区。经过两年的经济恢复和减少赋税措施的实行，西汉社会又趋向安定了。

但是，汉武帝已经筋疲力尽，终于在后元二年（前 87 年）一病不起。在临死前，他把小儿子刘弗陵托付给大司马大将军霍光，并对霍光说：“我要请你做周公，让小儿子刘弗陵做成王。”汉武帝死后，葬在长安西北的茂陵，在他的陵墓东北有霍去病和卫青的墓，东南有霍光墓。这位杰出皇帝就这样终结了自己的一生。

八、历史评价

汉武帝是第一个奠定中国辽阔疆域的皇帝。千古一帝秦始皇统一六国，建立了秦王朝，但是，秦帝国的版图不过是汉武帝时代版图的二分之一。汉武帝对匈奴用兵 44 年，如此大事武功，在中国历代帝王中，前无古人，后无来者。

建元元年（前 140 年），武帝执政。其时匈奴气焰嚣张，西域神秘莫测。汉武帝绝不能忍受乃父乃祖的“和亲外交”，忍气吞声，换取短暂和平。他有足够的财力和人力，持久的雄心和野心，去征服、去开拓。汉武帝即位第二年，即

建元二年（前 139 年），派遣张骞出使大月氏，希望借此形成反击匈奴的战略联盟，压缩匈奴的生存空间，实现对匈奴的战略包围。年仅 18 岁的帝王竟有如此眼光，历朝历皇，谁可比拟？张骞出使西域，开辟了千古丝绸之路，促进了东西方经济与文化的交流；中原汉族政权力量延伸到了今天新疆以西。

即位第八年，即元光二年（前 133 年），汉武帝第一次运筹帷幄征战匈奴，马邑之战失利。但是，短暂的失利，丝毫不能影响 24 岁天子的征战豪情，反而促使汉武帝破釜沉舟，毅然抛弃汉王朝施行近七十年的和亲国策，全力出击匈奴，变和平体制为战争体制，弃祖宗制度启现实制度。其间的勇气和魄力，令人赞叹！

汉武帝曾在一篇求贤《诏》中说：“盖有非常之功，必待非常之人。”这篇踌躇满志、殷情恳切的求贤《诏》，收录在萧统《文选》中，千百年来，英雄传诵，志士吟咏。当年汉武帝以此“广延天下人才”，今日反观汉武帝一生功过，此语更是恰如其分。汉武帝之所以立下非常之功，皆因他就是非常之人。

《史记·卫将军骠骑列传》记载汉武帝曾打算亲自教霍去病兵法（天子尝欲教之《孙吴兵法》），霍去病虽未学，但可见汉武帝深通兵法，这是他成为卓越的战略军事家的基础。

论及汉武帝一朝的军事战役，人们往往言必称卫青、霍去病、李广，没有

人注意到璀璨四射的将星、帅才背后，远在庙堂之上，那位足以与西方亚历山大、恺撒、拿破仑相匹敌的最高统帅——汉武帝。

当年，汉武帝决意改变祖制、对匈奴开战，韩安国、汲黯等前朝老臣，公孙弘、主父偃等当朝新锐，纷纷高唱反调。群臣应者寥寥，首战无功而返，年轻的总指挥却岿然不动。此后，河南之战、漠南之战、漠北之战，对匈奴作战的三大重要战役，都由汉武帝亲自决策部署，选将调兵。至于具体的用兵时间、出兵地点、兵力部署、攻击方向，汉武帝都事无巨细，总揽无遗。

与此同时，汉武帝又剑指东方、南方、东南方、东北方，使汉朝的势力到达今天西方的中亚，西南的云贵川，东北的黑吉辽，南方的海南与福建，勾勒出了现代中国版图的基本框架。

但 44 年旷日持久的征战杀伐，毕竟劳民伤财。对于汉武帝的军事外交战略，司马迁也非常矛盾。《史记·匈奴列传》是中国历史上第一篇少数民族史，司马迁给匈奴立传，把匈奴看作炎黄子孙之一，表达了他对这场战争的性质定位：这是中华民族内部的一场悲剧，战争使双方付出了极高的代价。虽然当时的汉帝国还无法形成统一的多民族背景，两个民族最好的办法也应该是和平相处。可惜，到了汉武帝时代，和亲政策已走入绝路。不得已而对匈奴用兵，司马迁对此是理解的；而战线越拉越长，汉武帝偶有任人失当，司马迁也是痛心疾首。

为了宠幸李夫人，汉武帝任命李广利为将军，率领数万人出征，讨伐大宛，不过艳羡其汗血宝马。结果，打了两年，军队损失五分之四。如此轻率，可谓草菅人命！

时间是抚平创痛的良药。和平年代，人心思定，我们早已无法体察战争带来的切肤之痛，所以，今人的评价理智多于感情。而两千多年前，司马迁与天下百姓一道，亲历家园变废墟，一代史家的良心，使司马迁不可能面对战争之害无动于衷，必然会对汉武帝连年征战，导致民生凋敝有所批评。

同时，汉武帝也是第一个用儒家学说统一中国思想文化的皇帝。

一统江山容易，聚拢人心困难。秦皇汉武深解其中三昧。秦始皇“焚书坑儒”，汉武帝则“罢黜

百家，独尊儒术”。

窦太后去世前，汉武帝就暗度陈仓，设立五经博士，为尊儒打基础。即位之初，汉武帝迫不及待，举国推选贤良方正直言敢谏。一位寂寞书生董仲舒，凭《天人三策》，石破天惊，脱颖而出。从此，本为民间一家的儒学被指定为官方思想，与政治、皇权紧密相连。据此，汉武帝创建太学、乡学，设立举贤制度，形成了中国独特的文官制度。秦代至汉初，选拔人才用的是军功爵制；到了汉武帝时代，逐渐转变为察举征辟制，从根本上解决了大汉人才匮乏的局面。

文景崇黄老，宽厚无为，垂拱而治；汉武帝则一反祖宗定法，尊儒术以约束官吏，效法家而严惩贪官，王道霸道，交错为用。而其中尊儒兴教，首立太学，尤予后世以至深影响。倘非此举，儒家学说何以成“教”？倘非此举，华夏文明何以存续？倘非此举，学而优则仕何以体现？

儒家对中国政治：以人为本，民为重，君为轻，社稷次之。水可载舟，亦可覆舟。“独尊儒术”让人们都懂得礼义教化、精忠报国等一个臣子应该做的事。儒家对人才素质：穷则独善其身，达则兼济天下。儒家把“道德”作为衡量一个人品质的标准，将“从政”作为实现人生价值的一种途径。汉武帝时代，对应内在的儒家统治思想，就是中央集权体制。秦始皇首创了中央集权的政治体制；但是，秦朝短命，未能设计一整套执政方针。西汉王朝，到了汉武帝，彻底肃清了诸侯王分裂势力，巩固了中央政权。

对此，司马迁击节称道。《淮南衡山列传》中，太史公曰：“淮南衡山，亲为骨肉，疆土千里，列为诸侯。不务遵蕃臣职以承辅天子，而专挟邪僻之计谋为畔逆，仍父子再亡国，各不终其身，为天下笑。”

秦朝实行郡县制，不王不藩，是真正社会政治学意义上的封建体制。刘邦建汉，首封异姓诸王，后封同姓诸王。从政治体制的发展着眼，无疑是一种社会的倒退。继而，吕后大封诸吕，终酿祸乱。因此，到景帝一朝，乃有吴楚七国之乱。汉武帝上接秦始皇，行郡县以推行国家政令，此后两汉四百年，虽有外戚、党锢之祸，但无藩镇之患。

不仅如此，汉武帝在强化中央集权上多方探索，利用酷吏打击权贵即其大手笔之一。打击不法豪强与贪官污吏，势在必行。但是，酷吏政治走到极端，难免会带来各种后遗症。司马迁对此直言不讳：“其好杀伐行威不爱人如此，天子闻之，以为能，迁为中尉。”汉武帝称赞这样的杀人魔王，提拔他担任中尉，赐予更多的生杀大权。惨遭宫刑、深受酷吏之苦的司马迁，能不有非议吗？

汉武帝是第一个用“罪己诏”进行自我批评的皇帝。

征和四年（前 89 年），汉武帝向天下人昭告：自己给百姓造成了痛苦，从此不再穷兵黩武、劳民伤财，甚至表白内心悔意。这就是《轮台罪己诏》。这份诏书，是中国历史上第一份帝王罪己诏。

敢于罪己，置自己过失于天下舆论中心，汉武帝无疑是第一人！至此，后代皇帝犯了大错，也会下“罪己诏”，公开认错，展示明君姿态。直言敢谏的汲黯曾批评汉武帝：“皇上杀人太多，即使平日信任的人，也不予宽恕，这样搞下去，天下人才早晚都会被杀光。”汉武帝不为所动，漠然一笑：“何世无才，只是人主没有识得人才的慧眼，如果能够辨明人才，何必担心天下无才？”

就是这样一位视人才如草芥的汉武帝，另一方面又极端地爱才、惜才。封建专制体制下，人才使用有两大陋习：一是任人唯亲，只用自己熟悉亲信的人；二是论资排辈，必须按“三十九级台阶”，一级一级往上爬，不能“乱”了规矩。而汉武帝一不会因言废人，只要有才华，如主父偃持不同政见，汉武帝照样求贤若渴；还敢于破格提拔，只要有能力，如卫青为家奴出身，汉武帝竟然破格提拔。

不仅如此，汉武帝甚至摒弃正统，容纳异类，慧眼发现东方朔，将庄严的朝堂变成一个充满温情和快乐的休息室，君臣之间宛如玩伴；同时，他不以狎亵而丧失原则，对东方朔的诤言击节赞叹，言听计从。

他初读《子虚赋》，即大为倾慕。得见作者司马相如，如获至宝，让他享受与自己同等的写作待遇。能识人、能容人、能用人，汉武帝千古无二。秦始皇、汉高祖视文人为腐儒，唐太宗、清高宗或能知人，终究雅量阙如。

汉武帝备受误解和争议的，就是对中国历史上最伟大的史家——司马迁施以宫刑。司马迁在

《史记》中对他褒有贬，班固的《汉书·武帝纪》对他的文治大加赞扬。班固赞曰：“孝武初立，卓然罢黜百家，表章六经，遂畴咨海内，举其俊茂，与之立功。兴太学，修郊祀，改正朔，定历数，协音律，作诗乐，建封禅，礼百神，绍周后，号令文章，焕然可述，后嗣得遵洪业，而有三代之风。如武帝之雄才大略，不改文景之恭俭以济斯民，虽诗书所称，何有加焉。”班固绝口不提汉武帝的武功，表明对汉武帝的武功是有保留的。到了司马光的《资治通鉴》，也是表扬、批评兼而有之：“孝武穷奢极欲，繁刑重敛，内侈宫室，外事四夷。信惑神怪，巡游无度。使百姓疲敝起为盗贼，其所以异于秦始皇者无几矣。然秦以之亡，汉以之兴者，孝武能尊先王之道，知所统守，受忠直之言。恶人欺蔽，好贤不倦，诛赏严明。晚而改过，顾托得人。此其所以有亡秦之失而免亡秦之祸乎？”

强盛明君——唐太宗

唐太宗李世民是唐朝第二位皇帝，他是军事家、政治家、书法家。他即位后，居安思危，任用贤良，虚怀纳谏，实行轻徭薄赋、疏缓刑罚的政策，并且进行了一系列政治、军事改革，终于促成了社会安定、生产发展的升平景象，史称贞观之治，为后来的开元盛世奠定了重要的基础。唐太宗于649年病死于长安含风殿，葬于今中国陕西礼泉县东北五十多里的昭陵，谥号为“文皇帝”。

一、动荡年代

唐太宗李世民（599—649年），是唐朝第二位皇帝，他是军事家、政治家、书法家。唐太宗在位的23年，国泰民安，社会安定，经济繁荣，为后来的开元盛世奠定了重要的基础。

唐太宗是唐高祖李渊与窦皇后的次子。炀帝大业末，李世民随父定居在晋阳（今山西太原西南）。当时农民起义风起云涌，起义军力量日益壮大。李世民遂于大业十三年（617年）在晋阳起兵，接着南攻霍邑（今山西霍县），西渡黄河，攻取长安（今陕西西安）。晋阳起兵之初，李世民被封为敦煌公，右领军都督，统右三军。攻克长安后，李世民为京兆尹，改封秦国公；义宁二年（618年）李世民徙封赵国公。同年五月，李渊即位，国号唐，建元武德，是为唐高祖。李渊任命李世民为尚书令。不久，封李世民为秦王，此后，李世民经常出征，逐步消灭各地割据势力。此后，李世民与自己的哥哥太子李建成、四弟齐王李元吉的猜忌日益加深。大臣间互相倾轧，分为两派。626年，李世民在长安城宫城玄武门发动“玄武门之变”，李建成、李元吉被杀，而后高祖让位，李世民即位为帝，次年改年号为贞观。

唐太宗即位后，居安思危，任用贤良，虚怀纳谏，实行轻徭薄赋、疏缓刑罚的政策，并且进行了一系列政治、军事改革，终于促成了社会安定、生产发展的升平景象，史称贞观之治。

唐太宗李世民于649年病死于长安含风殿。葬于今陕西礼泉县东北50多里的山峰上的昭陵。谥号为“文皇帝”。

隋文帝开皇十八年（599年），李世民出生在李氏家族的京兆武功（今陕西武功西北）的旧宅中。据说，他父亲李渊给他取名“世民”，是取“济世安民”之意。

李世民出生于很有名气的陇西士族。曾祖李虎，西魏时官至太尉，北周时为“八柱国”之一，死后追封为唐国公。祖父李昞，北周时袭封唐国公，任安州总管，柱国大将军。父亲李渊在北周时以 7 岁幼龄袭封唐国公，后来在隋朝做官。李世民的家族又是一个带有浓厚的北方少数民族血统的家族，他的祖母独孤氏、生母窦氏以及他日后所娶的妻子长孙氏，都出于北方少数民族。李世民排行第二，他的长兄李建成、四弟李元吉，跟他后来的人生轨迹都有密切的关系。

少年时代的李世民当然也要读书，但是他更喜爱习武。正如他自己后来所说：“少尚威武，不精学习。”

李世民的青年时代是在社会的大动乱中度过的。大业十一年（615 年），隋炀帝巡视北方边塞，被突厥族始毕可汗起兵围困于雁门关（今山西代县），众寡悬殊，形势危急。隋炀帝在重围之中把诏书系于木板之上，投入南流的汾水，命令各地火速募兵救援，17 岁的李世民，迈出了青年时期戎马生涯的第一步。李世民前往救援，提出虚张军容，昼引旌旗数十里，夜以钲鼓相应的疑兵计。时值东都及诸郡援兵亦至忻口（今忻县北），迫使突厥始毕可汗解围而去。

隋炀帝大业七年（611 年），王薄自称“知事郎”，在山东长白山（今山东章邱县境）发动起义，揭开了声势浩大的隋末农民战争的序幕。而后，农民起义在全国许多地方不断爆发，规模大的跨州连郡，规模小的也占据山泽，经过几年的斗争和分合，逐渐形成了三支主要的力量，这就是：窦建德率领的河北起义军；翟让、李密率领的瓦岗起义军；杜伏威、辅公祏为首的江淮起义军。这三支力量，威胁着隋皇朝的统治。

全国沸腾了，隋皇朝的统治开始动摇了。青年李世民就是在这样一个社会大动乱的年代，走上了历史的舞台。李世民走上历史的舞台，跟他父亲李渊当时的社会地位、政治抱负有很大的关系。李渊在隋大业十一年（615 年）被任命为山西、河东宣抚大使，大业十三年（617 年）则出任太原留守。这两三年中，李渊先后镇压了毋端儿的起义、柴保昌起义和甄翟儿起义，又击退了突厥的进犯。他的政治影响和军事实力都进一步扩大了。

李渊是一个深谋远虑的人。隋末农民起义爆发后，李渊已经预感到隋朝面临着危机。他一方面向

隋炀帝密告杨玄感有“反”的意图，一方面他也同个别知己“密论时事”，表示要取隋而代之的政治意图。他是把他能够到太原来做官，看做是夺取天下的大好时机。同时，李渊把镇压农民起义和对突厥采取“用长策以驭之，和亲而使之”作为实现“经邦济时”的两大重要措施。李渊的所作所为激怒了隋炀帝，隋炀帝下诏把李渊抓起来问罪；虽然隋炀帝后来撤回了这个诏书，但是李渊、李世民父子反隋的步伐却由此而加快了。在他们的一次谈话中，李渊以周文王自况，李世民则提出了要学习汉高祖反秦的壮举。

二、晋阳起兵

在酝酿起兵的过程中，李渊一面指示长子李建成在河东“潜结英俊”，一面布置李世民在晋阳“密招豪友”。李建成、李世民根据李渊的指示，都谨慎而积极地聚集人才，组织力量。一直跟在李渊身边的李世民，在这方面颇有建树，如刘文静、刘弘基、长孙顺德等人成为李渊集团的重要人物，就跟李世民有很大的关系。

由于李世民交友广泛，又能以礼待人，所以人们对他也都坦诚相见，这对李世民审时度势有很大的帮助，而且也增加了他的言论的分量。他在大业十二年（616 年）曾向父亲李渊分析了当时的政治形势，说：“今主上（指隋炀帝）无道，百姓穷困，晋阳城外皆为战场。大人（指李渊）若守小节，下有盗寇，上有严刑，危亡无日。不若顺民心，兴义兵，转祸为福，此天下授之时也。”这些话，对全国的形势，对李渊个人的处境，都分析得很中肯，李渊认为“亦大有道理”，很赞成李世民的看法。

隋大业十三年（617 年）二三月间，马邑军人刘武周举兵反隋，杀太守王仁恭，又联络突厥进犯太原。李渊认为起兵的时机到来了。他表面上命令李世民和副留守王威、高君雅率兵讨伐刘武周，在暗中则指示李世民、刘文静、长孙顺德、刘弘基等火速募兵，同时派人去河东召李建成、李元吉来太原会合。

五月甲子这一天，李渊、王威、高君雅照常升堂视事，而李世民则事先已经埋伏了军士。这时，有人出来指控王、高二人勾结突厥谋反，李渊勃然大怒，随即命人把王、高二人抓起来杀了。王、高二人是太原的副留守，实际上是隋炀帝派来监视李渊的。除去王、高二人，是李渊起兵的重要标志。李渊所率领的诸军称为“义兵”，军士称为“义士”。接着，李渊命刘文静出使突厥，请始毕可汗出兵相助。六月，李建成、李元吉自河东赶到太原会合，始毕可汗派人送战马千匹至太原交市。那时，每天参加“义兵”的有两千人左右，短短 20 天时间，就组成了几万人的队伍。同月，李渊

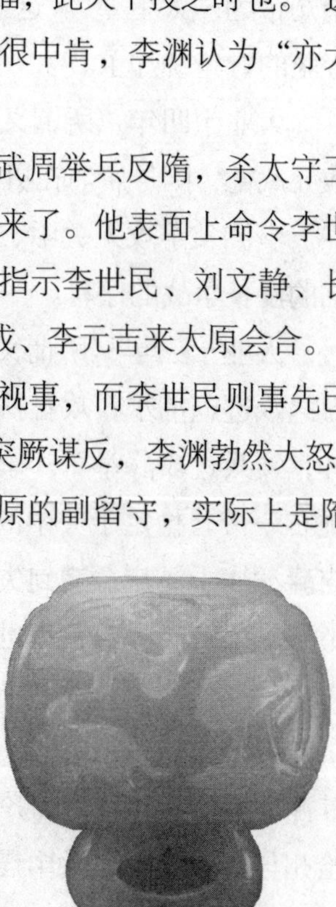

命令李建成、李世民率领军队夺取通向关中的第一个障碍——河西。李建成、李世民治军严明，只带 3 天军粮，向河西进发，斩郡丞高德儒，遂平定河西，回师太原，往返只用了 9 天时间。李渊高兴地说：“你们如此带兵，可以横行天下了！”

为了给大规模进军关中做好准备，李渊设立大将军府，置三军，以李建成领左三军；以李世民领右三军；以李元吉领中军。七月，誓师于太原，发兵三万，向关中进发。八月，李渊军斩杀宋老生，平霍邑，又连下临汾郡和绛郡，大军达到龙门。九月，军围河东到关中的门户。河东守将屈突通坚守不出，李渊军队一时难以攻克。根据李世民迅速夺取关中的建议，李渊命令部分兵力继续围困河东，而命李世民率领刘弘基、长孙顺德等带领主力于九月渡过黄河，平定渭北及三辅地区。十月，军围长安。十一月，攻下长安，李渊立隋朝代王杨侑为天子，改元“义宁”，遵隋炀帝为“太上皇”。这一年，李世民刚满 20 岁，然而他却已经成为一位很有经验的青年统帅了。

大业十四年（所谓义宁二年，618 年）五月，李渊废掉杨侑，即位于长安，改元武德，国号唐。在巩固李唐皇朝的过程中，李世民继续发挥着重要的作用。

李渊父子攻入关中、占据长安，固然是重大的胜利，但这还只是他们所面临的漫长争战的序幕。

大业十三年（所谓义宁元年，　617 年）十二月，金城郡豪富薛举率领十万之众进逼渭水，攻打扶风。这实际上是争夺关中的斗争。李渊命李世民为元帅，领兵进攻薛举军。李世民与薛举战于扶风，斩首万余，乘胜把势力扩大到陇右一带，稳定了关中的局面。次年六月，李世民被封为西讨大元帅；七月，与薛举战于泾州，遭到失败。八月，薛举死，李渊再次命李世民为元帅，讨伐举子仁杲。十一月，李世民率领大军破薛仁杲于浅水原，仁杲率众投降，陇右遂平。

武德二年（619 年）三月，刘武周在突厥支持下南向以争天下，并州首当其冲。担任并州总管的齐王李元吉抵挡不住，终于放弃太原，奔还长安。接着，浍州与晋州失守，关中震恐。这时，李渊提出放弃河东的主张，但遭到秦王李世民的反对。秦王李世民认为，河东富庶之地，是京城的重要依托，不可轻易放弃。他提出，愿意率领精兵平定刘武周，收复失地。李渊采纳了李世民的意见，命李世民挂帅出征。十一月，李世民率领军队自龙门渡河，与宋金刚形成对峙的态势。李世民采取避其锋芒、坚壁不战、待敌涣散、乘机出击的作战方针。果如李世民所料，到了第二年的二月，宋金刚军因久无进取，军粮不济，只得后撤。四月，李世民军于介休城打破宋金刚军，刘武周见大势已去，只好放弃太原，逃奔突厥。至此，关中东北部的局势又平静下来了。

当李唐皇朝忙于应付薛举父子和刘武周的时候，关东形势发生了重要的变化。大业十四年（618年）五月，隋炀帝被杀的消息传到东都洛阳，洛阳守将遵越王杨侗称帝，改元皇泰。武德二年（619年）四月，王世充夺取杨侗的政权，改国号郑，成为李唐皇朝向东发展的一大障碍。武德三年（620年）七月，李世民奉命率军进击洛阳。王世充频频向河北起义军领袖窦建德求援。窦建德也担心李渊集团占据洛阳后形成对河北起义军的威胁，因而率十万之众南救洛阳。武德四年（621年）三月，窦建德率军抵达城皋的东原，来势迅猛。这时，秦王李世民果断采纳了围洛打援的作战计划，以部分兵力继续围困洛阳，而以主力抢占虎牢，阻挡窦军的前进。五月初，唐军渡过汜水，打败窦军，窦建德受伤被俘。至此，轰轰烈烈的河北起义军的主力遭到失败，窦军失败后，王世充已经成为瓮中之鳖，只得向唐军投降了。

窦建德失败后，其余部推刘黑闼为首起兵反唐。武德五年（622年）正月，黑闼自称为汉东王，几乎恢复窦建德所有故地。三月，秦王李世民大败刘黑闼，刘黑闼率领残部北走突厥。六月，黑闼再次起兵，几个月内，重新恢复故地。十一月，太子李建成率军击溃黑闼军。次年五月，黑闼被杀。

在五年的国内战争中，不论是统治阶级之间的争夺，还是地主阶级同农民阶级的较量，李唐皇朝的胜利，在客观上成为统一战争的胜利。由隋朝的衰落到唐朝的建立和巩固，这是历史转折的年代。在这个历史转折的年代中，李世民奠定了他未来政治生活的基础。

三、玄武门之变

在统一战争不断取得胜利、全国趋于平定、李唐皇朝的统治日渐巩固的情况下，最高统治集团内部开始出现矛盾。这个矛盾的焦点是以太子李建成为一方、秦王李世民为另一方争夺皇位继承权的斗争。太子李建成没有参加晋阳起兵，但在晋阳起兵以后只夺取长安这一段时间，他和李世民一样，发挥了重要的作用。李渊称帝以后，李建成取得了太子——皇位合法继承者的地位，而李世民却在东征西讨、南征北战中屡建功勋，并不断扩大了自己的实力和影响。于是，嫡长子继承皇位的传统，同秦王拥有最高的功能、最强的实力这个现实发生了尖锐的矛盾。

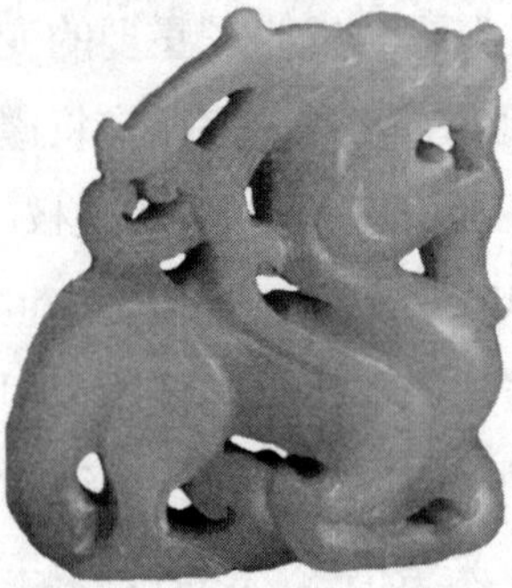

李建成对李世民有猜忌之心，李世民对李建成亦有取代之望。武德五年（622年）起，这种潜在的矛盾终于发展成为公开的争夺和激烈的较量。这年十一月，李建成一反常态，主动向李渊提出要率领军队去镇压刘黑闼第二次起兵。他之所以要这样做，是为了提高自己的声望，增加他同秦王李世民较量的实力。

在太子李建成与秦王李世民的矛盾斗争中，齐王李元吉是站在太子一边的。他曾明确地建议太子除掉秦王，并说他将亲自下手。有一次，李世民随同李渊到齐王府，李元吉就打算派人乘机刺杀李世民，可能李建成考虑当着李渊的面不好干这种事，于是制止了李元吉。兄弟之争，居然已经到了如此地步！

武德七年（624年）六月，庆州总管杨文干发动叛乱，事情涉及到太子李建成。李渊急令李世民率兵讨伐，并向李世民许诺平判之后，立其为太子。但事后，李渊听了李元吉、妃嫔和大臣封德彝的意见，又改变了主意。李渊的这种态度和做法，在客观上只能加剧李建成和李世民之间的矛盾斗争。

武德九年（626年），太子李建成和秦王李世民都在加紧策划消灭对方。有一次，“李建成夜里召见李世民。饮酒而鸩之，李世民暴心痛，吐血数升”，因淮安王李神通扶送秦府而得救。这次谋杀事件，激怒了秦府的属官。长孙无忌、房玄龄、杜如晦都主张秦王李世民采取措施，除去太子李建成。

太子李建成、齐王李元吉在鸩杀秦王李世民未成后，又用计收买和调走秦府的武将，没有达到目的。但是在李渊的支持下却把房玄龄、杜如晦赶出了秦王府。是年，突厥进犯，李建成向李渊建议由李元吉做统帅出征突厥。李元吉又提出调秦王府大将尉迟敬德、程知节、段志玄、秦叔宝同行，并调拨秦王所率精兵归其指挥，借此要把握住秦王的兵马然后趁机除掉李世民。李渊并没有阻止这个阴谋。太子李建成和齐王李元吉密议：准备在李建成、李世民为李元吉饯行时，派壮士刺死李世民。太子手下的一个官员向李世民报告了太子李建成和齐王李元吉的密谋。于是秦王府上下一片哗然，李世民在危急时刻决定背水一战，先发制人。

武德九年（626 年）六月三日，李世民向李渊报告了李建成、李元吉的阴谋。李渊答应次日早朝追查此事。鉴于以往李渊对太子李建成的态度和做法，李世民当然不会相信李渊会对李建成采取果断的措施。

武德九年（626 年）六月四日，李建成得知李世民告发他的情况后，决定先入皇宫，和李世民对质。在宫城北门玄武门执行禁卫总领常何本是太子亲信，却被李世民策反。六月四日一早，秦王李世民亲自带一百多人埋伏在玄武门内。李建成和李元吉一同入朝，待走到临湖殿，察觉气氛不对，急忙调转马头欲退回东宫，但是已经来不及了。这时，李世民带领伏兵从后面喊杀而来。李元吉情急之下向李世民连射三箭，无一射中。而李世民一箭就射死了李建成，尉迟敬德也射死了李元吉。东宫的部将得到消息前来报仇，和秦王的部队在玄武门外发生激烈的战斗，尉迟敬德将二人的头割下示众，李建成的兵马见大势已去，才不得已散去。之后，尉迟敬德身披铠甲“保护”唐高祖李渊，将事情经过上奏。事态发展到了这一步，李渊也只好接受萧瑀、陈叔达的建议：立秦王李世民为太子，委之以国事。

这就是历史上的“玄武门之变”。在这次事变中，太子李建成诸子与齐王李元吉诸子因受到牵连而被杀。李世民靠着秦王府文臣、武将的权谋和刀剑给自己开辟了通向皇帝宝座的道路。

三天后，李世民被立为皇太子，诏曰:“自今军国庶事，无大小悉委太子处决，然后闻奏。”两个月后，诏传位于太子。太子固辞，不许。武德九年六月，太宗即位于东宫显德殿，赦天下；关内及蒲、芮、虞、泰、陕、鼎六州免租调两年。李渊退位，李世民登基。

四、贞观之治

贞观之治是指唐朝初期出现的太平盛世。唐太宗任人唯贤，知人善用，开言路，虚心纳谏，重用魏征等人；并以农为本，减轻徭赋，休养生息，厉行节约，完善科举制度，使得社会出现了安宁的局面。当时年号为“贞观”（627—649 年），史称“贞观之治”。这是唐朝的第一个盛世，同时为后来的开元盛世奠定了基础。唐太宗李世民在位 23 年，使唐朝经济发展，社会安定，政治清明，人民富裕安康，出现了空前的繁荣。

李世民登上了皇帝的宝座，时年 29 岁。唐太宗李世民从正式被立为太子到即位的这段时间，主要致力于建立一个忠实于他的、有政治见解的决策班子。因此，他即位前便通过李渊任命了新的决策班子，从而形成了唐太宗统治集团的核心。这个决策班子的统治核心是：秦叔宝为左卫大将军，程知节为右卫大将军，尉迟敬德为右武侯大将军，高士廉为侍中，房玄龄为中书令，萧瑀为右仆射，长孙无忌为吏部尚书，杜如晦为兵部尚书，宇文士及为中书令，封德彝为右仆射，杜淹为御史大夫，颜师古、刘林甫为中书侍郎，张公瑾为右武侯将军，长孙安业为右监门将军，李客师为左右军将军。这些任命都在一个月当中宣布，可见唐太宗对于建立一个新的决策班子的统治核心的重视和迫切程度。

（一）政治改革

唐太宗革新宰相制度，一是在“三省”长官之外，建立以他官代行宰相职权的制度；二是充分发挥宰相班子的作用。“三省”长官是：尚书省的左、右仆射，中书省的中书令，门下省的侍中。三省长官都是宰相，位高权重。唐太宗为了提拔一些品位不及宰相，但却很有才能和政治远见的官员参与朝廷的最高决策，其名目有“参议朝政”“参预朝政”“同中书门下三品”“同中书门下平章事”“同知政事”等等。为了充分发挥宰相班子的作用，唐太宗强调说：“中书省制订的诏敕，由门下省进行审议，这本是为了防止过失和错误；应当知道，‘难违一官之小情，顿为万人之大弊’，这是‘亡国之政’，尤其要注意防止。”这时要求宰相们既要通力合作，又要充分发挥各自的作用。

隋朝时，朝廷官员有2500多人。唐高祖李渊时，在机构和官员设置上，“多因隋制，虽小有变革，而大较不异”。唐太宗即位后，看到这样一支庞大的朝廷官员队伍，办事效率并不高，因而感慨地说：“人用官员，主要看他是不是贤才；‘若得其善者，虽少亦足矣。其不善者，纵多亦奚（何）为’?”他指示房玄龄等人务必要精简机构，做到“并省官员，使得各当所任”。根据唐太宗的指示，房玄龄等人进行了大刀阔斧的改革，对机构进行了调整，最后确定朝廷官员编制为640人。这项改革不仅提高了朝廷官员的办事效率，而且也节省了国家用于官员俸禄方面的大量开支。

为了严肃地方吏治，唐太宗还按照地理形势把全国划成多个“道”：关内、河南、河东、河北、山南、陇右、淮南、江南、剑南、岭南等道。唐太宗从朝廷要员中委任观风俗使，分行四方，“观风俗之得失，察政刑之苛弊”，考察地方官的政绩，以决定对他们的赏罚和升降。同时，唐太宗还亲自负责选派各州刺史的工作。所有这些，对革新地方官吏治都起了积极的作用。

（二）重视人才，听言纳谏

唐太宗李世民善于用人和纳谏，是他政治上能够取得成功的重要原因。贞观年间，人才济济，绝非偶然。尉迟敬德原是刘武周手下的一员大将，武德三年（620年）他与另一将领寻相率众向秦王李世民投降。不久，寻相叛变。李世民手下诸将怀疑尉迟敬德也要作乱，便把他囚禁起来，并劝说秦王李世民立即把他杀掉。李世民却说：“尉迟敬德有心叛变的话，难道还会落在寻相之后吗?”他命人释放了尉迟敬德，并安慰他说：“大丈夫以意气相许，请你不要把这次小小的误会放在心里，我是绝不会因为旁人的几句闲话而加害良士的。”尉迟敬德对此十分感动，在历次

战斗中出生入死，屡建奇功。

此外，唐太宗李世民还十分注重人才的选拔，严格遵循德才兼备的原则。唐太宗认为只有选用大批具有真才实学的人，才能达到天下大治，因此他求贤若渴，曾先后五次颁布求贤诏令，并增加科举考试的科目，扩大应试的范围和人数，以便使更多的人才显露出来。由于唐太宗重视人才，贞观年间涌现出了大量的优秀人才，可谓是“人才济济，文武兼备”。正是这些栋梁之才，用他们的聪明才智，为“贞观之治”的出现作出了巨大的贡献。

唐太宗从波澜壮阔的农民战争中认识到人民群众力量的伟大，吸取隋朝灭亡的教训，非常重视老百姓的生活。他强调以民为本，常说：“民，水也；君，舟也。水能载舟，亦能覆舟。”唐太宗即位之初，下令轻徭薄赋，让老百姓休养生息。唐太宗爱惜民力，从不轻易征发徭役。他患有气疾，不适合居住在潮湿的旧宫殿，但他在隋朝的旧宫殿里住了很久。他还下令合并州县，革除“民少吏多”的弊端，有利于减轻人民负担。

魏征原来是太子李建成的属官，在李建成和李世民矛盾愈演愈烈的时候，曾劝说李建成早下决心除去李世民。玄武门事件后，魏征自然成了阶下囚。李世民质问他说：“你为什么要挑拨我们兄弟之间的关系？”在场的人都预感到魏征不会有善终。然而魏征却从容自若，他回答李世民说：“如果太子早听我的话，肯定不会落到今天这样的下场。”李世民向来看中魏征的才干，又十分欣赏他的这种正直，立刻改变了态度，以礼相待，并推荐他出任谏议大夫。贞观三年（629 年），又命魏征“参预朝政”，贞观七年（633 年），令其出任侍中，这都是宰相职位。魏征成为贞观名臣，跟唐太宗的豁达大度、知人善任是分不开的。

房玄龄“善谋”，杜如晦“能断”，唐太宗以他们二人分任左、右仆射。“二人深相得，同心徇国”，辅助唐太宗造就了贞观盛世。后人谈到唐代贤相，无不首推房玄龄、杜如晦。

唐太宗的善于用人，跟他善于纳谏相表里。从贞观初年起，他就反复地同大臣们探讨有关进谏和纳谏的问题。他指出：“君臣相遇，有同鱼水，则海内可安。”因而希望大臣们“直言鲠议，致天下太平”。除了一般的号召以外，唐太宗还在一些具体做法上鼓励大臣们进谏。当大臣奏事时，他总是和颜悦色地倾听着，希望奏事者大胆提出批评和建议。当他和宰相们商讨国事时，允许谏官旁听，充分发挥谏官的作用。而他对进谏者通常都要给予奖励。

在唐太宗种种“求谏”的言论和行动的鼓励下，贞观一朝君臣都有一种进谏、纳谏的政治家风度。武德九年（626年），唐太宗即位不久，命人点兵。按照唐代的制度，点兵应在年满21岁的丁壮中进行。可是丰德彝竟提出：男子18岁以上、身体高大壮实者，亦在应征之列。唐太宗同意这种做法。但是诏敕下达了三四次，魏征坚持认为这种做法不妥，不肯签发诏敕。唐太宗盛怒之下召见魏征，指责他为什么如此固执。魏征回答说：“您经常说要以诚信统治天下，可是自您即位以来，短短几个月，已经几次失信于民了，这难道能说是以诚信统治天下吗?”唐太宗听了这一席话，很高兴地说：“过去我总以为你很固执，不懂得政事。今天听你分析国家大事，都很中肯。如果号令不信，民不知所从，天下何由而治呢！看来是我看错了。”于是，点兵仍然限制在年满21岁的丁壮，魏征也因为敢于直谏而得到了唐太宗奖赏的金瓮一只。

贞观四年（630年），唐太宗下诏征发劳力修复洛阳隋代乾元殿旧址，以备巡幸、享乐之用。大臣张玄素上书反对。他在上书中，从当时的政治、经济状况出发，认为修复乾元殿有“五不可”。最后指出，如果这样做，“恐甚于（隋）炀帝远矣”。唐太宗很不自在，他召见张玄素问道：“你认为我这样做还不如隋炀帝，那我比起夏桀、商纣又怎样呢？”张玄素回答道：“如果您一定要修复乾元殿，那我看就是同归于乱。”唐太宗见张玄素把这件事情看得十分严重，感慨地说：“我没有认真考虑，以致做出这种错误的决定。”于是，他一面指示停止修复乾元殿的工程，一面表彰张玄素的这种直谏精神，说：“众人之唯唯，不如一士之谔谔。”

贞观之初，在唐太宗的带领下，全国上下一心，经济很快得到了好转。到了贞观八九年，牛马遍野，百姓丰衣足食，夜不闭户，道不拾遗，出现了一派欣欣向荣的升平景象。太宗在位20多年，进谏的官员不下30人，其中大臣魏征一人所谏前后二百余事，数十万言，皆切中时弊，对改进朝政很有帮助。

（三）注重法治

唐太宗十分注重法治，他曾说：“国家法律不是帝王一家之法，是天下都要共同遵守的法律，因此一切都要以法为准。”法律制定出来以后，唐太宗以身作则，带头守法，维护法律的公正和稳定。在贞观时期，真正地做到了王子犯法与民同罪。执法时铁面无私，但量刑时太宗又反复思考，慎之又慎。他说：“人死了不能再活，执法务必宽大。”由于太宗的苦心经营，贞观年间法制情况很好，犯法的人少了，被判死刑的更少。据载贞观四年，全国判死刑的只有 29 人，几乎达到了封建社会法制的最高标准——“刑措”即可以不用刑罚。

（四）发展生产

唐朝建立的时候，社会经济十分困难，直到唐太宗即位时，这种困难的局面也没有多大的变化。那时，全国许多地方生产力没有得到恢复，有的地方还是“茫茫千里，人烟断绝，鸡犬不闻，道路萧条”的残破景象。全国人口也大量减少，隋炀帝大业五年（609 年），全国户数近 900 万，人口 4600 余万；可是到了武德年间，全国户数只剩下 200 余万了，劳动人手比隋朝大大减少了。

为了改变这种状况，唐太宗要求大臣们在认识上和政策上要执行“安人（民）宁国”“不夺农时”的方针。贞观二年（628 年），他向侍臣指出：“做任何事情都要抓住根本。国家以人民为本，人民以衣食为本，而生产衣食又以不失时为本。”他强调要减少战争和土木营建工程，并表示要从他本人做起。同时，他制定了鼓励增殖人口的政策，并以民间是否“婚姻及时”，户口是否增多，作为考核地方官政绩的一个标准。另外，他认真地检查均田制（封建国家向农民授田的一种形式）实行的情况，进一步促进了劳动力和土地的结合，同时也鼓励地方官员开办屯田。在赋役政策上，他接受了隋朝灭亡的教训，提出对农民要“轻徭薄赋”，地方官吏如果超出规定向农民征税，要以“枉法”论处。

这些恢复和发展生产的措施，产生了良好的社会效果。据说，贞观四年（630年），一年中全国只有29人被判处死刑，刑罚用得很少；人们居家用不着关大门，出远门的人用不着随身带着粮食。这当然有点夸张，但也反映出社会秩序在趋于安定，到了贞观十六年（642年），在全国不少地区，买一斗谷子只要五个钱，在更富庶的地方，一斗谷子才值三个钱，说明当时全国粮食是比较充足的。唐太宗死后第三年，即唐高宗永徽三年（652年），全国户数已上升为380万，比唐太宗刚即位时增加了将近百分之九十。所有这些，当然首先要归功于劳动人民，但同唐太宗发展生产的措施和政策也是分不开的。

五、盛世景象

（一）社会秩序空前安定

贞观王朝的社会秩序好得令人难以置信，贞观四年（630年）全国判处死刑的囚犯只有29人。贞观六年（632年），死刑犯增至290人。这一年的岁末，

李世民准许他们回家办理后事，明年秋天再问斩（古时秋天行刑）。次年九月，二百九十个囚犯全部回还，无一逃亡。那时的中国政治修明，官吏各司其职，人民安居乐业，不公平的现象少之又少，国人心中没有多少怨气。丰衣足食的人不会为生存铤而走险；心气平和的人也不易走极端，因此犯罪的概率也就小了很多。

史书记载：贞观年间“官吏多自清谨。制驭王公、妃主之家，大姓豪猾之伍，皆畏威屏迹，无敢侵欺细人。商旅野次，无复盗贼，囹圄常空，马牛布野，外户不闭。又频致丰稔，米斗三四钱，行旅自京师至于岭表，自山东至于沧海，皆不粮，取给于路。入山东村落，行客经过者，必厚加供待，或发时有赠遗。此皆古昔未有也”。

（二）开放的国界

唐帝国是当时世界最为文明强盛的国家，都城长安是世界性的大都会，就像今天的美国纽约一样。那时的唐帝国是世界各国仁人志士心目中的“阳光地带”，各国的杰才俊士冒着生命危险也要往唐帝国跑。来自世界各国的外交使节，在看到唐帝国的高度繁荣和文明之后，才发现自己的国家和没有开化的“原始森林”差不多，于是就不想回国，千方百计地要留下。不仅长安，全国各地都有来自国外的“侨民”在当地定居，尤其是新兴的商业城市，仅广州一城的西洋侨民就有二十万人以上。贞观王朝是中国历史上少有的开放王朝，外国人入境和中国人出境并没有太严格的限制，既不担心中国人出去后忘本忘祖，

也不担心外国人进来后喧宾夺主。仅这一点就说明贞观王朝的高度自信，深信自己的国家是世界上最文明富强的土地，不担心外来文化把自己淹没。贞观王朝的国民素质是如此之高，对外国侨民既不歧视也不逢迎，既不盲目排外也不“拿来主义”，有着不卑不亢的大国民气度和王者风范。外国人在中国就像中国人在自己家里一样，享有和中国人一样的公民权利，不但可以发财致富，还可以从政当官。来自阿拉伯和日本的侨民就有不少在中国担任官职的，有的还担任部长级高级官员。

唐帝国除了接受大批的外国移民外，还接收一批又一批的外国留学生来中国学习先进文化，仅日本的官派的公费留学生就接收了 7 批，每批都有几百人。民间自费留学生则远远超过此数。这些日本留学生学成归国后，在日本进行了第一次现代化运动——“大化改新”，也就是中国化运动，上至典章制度，下至服饰风俗，全部仿效当时的贞观王朝。

（三）唯一没有贪污的王朝

中国官场的贪污病菌是无孔不入的，以至占绝大多数的国人都认定贪污是人类社会的不治之症，只要是有“官”的地方就避免不了贪污。当从英美等国归来的留学生向他们的亲朋好友陈述这些国家基本上消灭了贪污时，听者大都认为他是在胡说八道。其实，贪污并不是人类社会的普遍现象，地球上就有不少文明程度较高的国家基本上消灭了贪污。

这里所说的基本上消灭了贪污并不是说完全杜绝了贪污现象，而是指贪污行为在整个官场中属极个别的现象，且贪污的数额不大（一年的贪污额一般不会超过此人一年的薪水），持续的时间也不会很长（连续作案三年以上的少之又少），都会很快败露且受到严惩。

贞观王朝是中国历史上唯一没有贪污的王朝，这也许是李世民最值得称道的政绩。在李世民统治下的中国，皇帝率先垂范，官员一心为公，吏佐各安本分，滥用职权和贪污渎职的现象降到了历史上的最低点。尤为可贵的是：李世民并没有用残酷的刑罚来惩治贪污，主要是以身示范和制定一套尽可能科学的政

治体制来预防贪污。在一个精明自律的统治者面前，官吏几乎没有贪污的动机，贪官污吏也不容易找到藏身之地。明王朝的朱元璋对贪污的处罚最为严酷，贪官一律处以剥皮的酷刑，可明王朝的贪官之多在历史上仍属罕见。可见防范贪污主要取决于一套科学修明的政治体制，光靠事后的打击只能取效于一时，不能从根本上铲除贪污赖以滋生的社会土壤。

（四）分权制度的初步尝试

中国封建体制的主要特征是权力高度集中，地方服从中央，中央又唯皇帝马首是瞻。这种高度集权的政治体制极大地限制了国民的创造性、主动性和灵活性，且极易酿成暴政。

中国封建社会的中央政府组织实行“三省六部制”，但贞观王朝的三省职权划分则初步体现了现代化政治特征——分权原则。中书省发布命令，门下省审查命令，尚书省执行命令。一个政令的形成，先由诸宰相在设于中书省的政事堂举行会议，形成决议后报皇帝批准，再由中书省以皇帝名义发布诏书。诏书发布之前，必须送门下省审查，门下省认为不合适的，可以拒绝“副署”。诏书缺少副署，依法不能颁布。只有门下省“副署”后的诏书才能成为国家正式法令，交由尚书省执行。这种政治运作方式有点类似现代民主国家的“三权分立”制，西方在 17 世纪兴起的分权学说，李世民早在一千多年前就已运用于中国的政治体制，进一步说明了贞观王朝的文明程度是何等之高。最为难能可贵的是，李世民规定自己的诏书也必须由门下省“副署”后才能生效，从而有效地防止了他在心血来潮和心情不好时做出有损他清誉的不慎重的决定。中国历史上共有 853 个帝王，只有李世民一人拥有如此杰出的智慧和胸襟。

（五）高度发达的商业

中国封建王朝的经济特征是“重农抑商”，商业在国民经济中所占的比重相当低，商人的地位也因之比种田人要低好几个等次。这也是中国的封建经济一直得不到实质性发展的主要原因。

贞观王朝是唯一不歧视商业的封建王朝，不但不歧视，还给商业发展提供了许多便利条件，这进一步体现了李世民的高瞻远瞩。在李世民的倡导下，贞观王朝的商业经济有了迅速和长足的进展，新兴的商业城市像雨后春笋般兴起。当时世界出名的商业城市，有一半以上集中在中国。除了沿海的交州、广州、明州、福州外，还有内陆的洪州（江西南昌）、扬州、益州（成都）和西北的沙州（甘肃敦煌）、凉州（甘肃武威）。都城长安和陪都洛阳则是世界性的大都会。

举世文明的“丝绸之路”是联系东西方物质文明的纽带，可这条商业通道在唐帝国时才达到其最高使用价值。唐帝国的疆域空前辽阔，在西域设立了四个军事重镇（安西四镇），西部边界直达中亚的石国（今属哈萨克斯坦），为东西方来往的商旅提供了安定的社会秩序和有效的安全保障，结果丝绸之路上的商旅络绎不绝，品种繁多的大宗货物在东西方世界往来传递，使丝绸之路成了整个世界的黄金走廊。

六、天可汗之路

唐朝是中国历史上一个最意气风发的时代，边疆战争之频繁和战胜次数之多，在中国古代史上非常罕见。所以只有唐朝才能诞生专门的边塞诗派，诞生像“年年战骨埋荒外”这样的诗句。而至于“汉家旌帜满阴山，不遣胡儿匹马还，愿得此生长报国，何须生入玉门关?”“大漠风尘日色昏，红旗半卷出辕门。前军夜战洮河北，已报生擒吐谷浑”“青海长云暗雪山，孤城遥望玉门关。黄沙百战穿金甲，不破楼兰终不还”“葡萄美酒夜光杯，欲饮琵琶马上催。醉卧沙场君莫笑，古来征战几人回?”这种豪言壮语，则由于后世朝代偃武修文的风气，甚至成为了古代史上中国人尚武精神的绝响。尤其是贞观年间，大唐帝国四面出击，金戈铁马，气吞万里如虎。

（一）全面扩张，四面出击

贞观年间是唐朝拓边最猛烈的时期，也是获胜最多的时期。贞观年间，唐朝依次取得了对东突厥、吐蕃、吐谷浑、高昌、焉耆、西突厥、薛延陀、高句丽、龟兹甚至可能还包括印度用兵的胜利。这些胜利奠定了大唐王朝三百年的基业。颉利可汗恐怕是有史以来第一个被中国军队活捉的草原帝国最高统治者。唐军出击定襄，痛歼突厥，活捉颉利可汗，也是唐朝历史上拓边战争中最辉煌的胜利。颉利可汗被抓到长安。突厥是唐朝最大的边患，作为同时存在的两个超级大国之一遭到毁灭，建立单极世界就变得容易多了。唐朝的另一个著名将领侯君集奉命带兵修理骄横的吐蕃人。侯君集通过夜袭击败了吐蕃军，斩首千余。吐蕃军退兵后，松赞干布做了颉利可汗也做过的事：派使者谢罪求和。但是他没有放弃和亲的请求。可能是被他的执著感动，七年后他的要求终于得到了满足。贞观十五年（641 年），文成公主入藏。唐军再次远征，途中缺水，就刺马饮血，终于袭破伏允的牙帐，伏允丢下老婆孩子溜之大吉，不久在沙漠中被部下所杀。吐谷浑从此被纳入唐朝的势力范围。贞观十三年，高昌国失臣礼。高昌王麴文泰看到唐兵来得那么快，吓得大病一场，感到忽冷忽热，几天后竟然一命呜呼，由此作为第一个被唐军活活吓死的人而载入史册。

（二）征战高句丽

高句丽虽然向新成立的唐朝朝贡，但实际上却对唐朝怀有敌视态度。到后来唐朝第二代皇帝唐太宗李世民的时候，为援助处于高句丽和百济围困中的新罗，并统一被高句丽据有的辽东地区（当时的“辽东”的概念略同于汉朝四郡的范围，即中国东北辽河以东地区以及朝鲜半岛的北部）。唐太宗征讨高句丽，放话给薛延陀：我们父子都要去打高句丽，长安空虚，你要是想犯贱只管放马过来！听了唐太宗这一番生猛的话语，薛延陀当时就被吓得气短了一截（《旧唐书》载后来高句丽用厚利诱惑薛延陀叛唐，但是“夷男气慑不敢动”）。

贞观十九年（645 年），唐军向辽东进军。唐太宗在路上对手下人说：“四方基本安定了，就剩下这一块地方了，趁着我还没死，良将们还有精力，一定要解决掉。”

徐世绩暗度陈仓，突然出现在辽东城下，高句丽士兵大骇。营州都督张俭和优秀将领李道宗也率兵进入辽东，击败高句丽兵，斩首数千。四月，唐军攻破高句丽盖牟城，俘虏两万多人，缴获粮食十多万石。五月，另一路唐军从山东渡海攻破高句丽卑沙城，俘虏 8000 人。上百年来中国军队第一次得以在鸭绿江边阅兵。

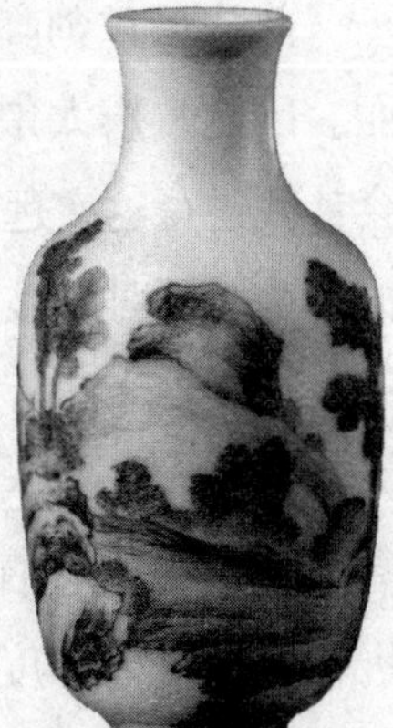

不久，李绩和李道宗所部进逼辽东城下。高句丽军数万来援。有人建议说，高句丽军多唐军少，应该坚守。可是李道宗说：“高句丽人仗着人多以为我们不敢拿他们怎么样，我们就是要攻击他们，杀杀他们的锐气。”李绩说：“我们被派来就是负责替皇上扫清道路的。现在路不干净，我们怎么能躲呢？”于是唐军处于劣势却猛烈出击，高句丽兵始料不及，被冲乱阵型大败而归。唐太宗大军到后，把辽东围得水泄不通，日夜攻打。乘着刮南风的机会，唐太宗指挥士兵点

燃城池西南楼，顺风放火。高句丽军便抵挡不住了，辽东陷落。唐军杀高句丽兵一万多人，俘虏一万多人，此外还有百姓四万多人。

攻克辽东后，唐军继续向白岩城进发。乌骨城派兵一万支援，被唐军击退（此战唐军只用了 800 人）。六月，白岩城不战而降。唐军继续向安市进发。高句丽将领高延寿等人率领靺鞨、高句丽兵十五万来救援，被击败。高延寿向唐军乞降，来到唐军军营，一进门就跪下，挪动膝盖前行，拜伏在地请命。唐太宗对他们说："东夷少年，跳梁海曲，自今复敢与天子战乎？"高延寿等人"皆伏地不能对"。唐太宗将降军中的高句丽军官、酋长三千余人虏往中原，其余高句丽人悉数释放。

安市城小而坚，在城主杨万春的抵抗下，唐军围攻数月不克。长孙无忌以为："天子亲征，异于诸将，不可乘危徼幸。今建安、新城之虏，众犹十万，若向乌骨，皆蹑吾后，不如先破安市，取建安，然后长驱而进，此万全之策也。"而这种方式过去一直是唐军克敌制胜的法宝。最终唐太宗决定暂时停止这次出征。九月，唐军班师。这次征伐高句丽，攻克玄菟、横山、盖牟、磨米、辽东、白岩、卑沙、麦谷、银山、后黄十城，迁徙辽、盖、岩三州户口入中国七万人。新城、建安、驻跸三大战，斩首四万余级。唐军方面，战士阵亡的约两千人，损失最大的是战马，损失了七八成。

此战虽重创高句丽，但是战事旷日持久，耗费巨大，最终却未能灭亡高句丽。因此，唐太宗认为这一战战败了，痛心地说："如果魏征还活着，肯定不会让我进行这次远征。"但这一战的意义还是比较重大的，收复了今天辽宁一带很多南北朝时期被高句丽夺取的土地。

贞观二十二年（648 年），倒是有个印度的小插曲。王玄策作为唐朝的使者去印度。中天竺大臣那伏帝阿罗那顺篡位，劫持唐使。王玄策只身逃到吐蕃，借来吐蕃军和尼泊尔军向印度进发。连战三天，印度军大败。唐军斩首三千余级，水中淹死印度兵约万人。阿罗那顺弃城逃跑，副使蒋师仁追上并俘虏之。此外虏男女一万二千人，牛马三万余匹。

（三）与吐蕃和亲

吐蕃人生活在青藏高原一带，从事农业和畜牧业。7 世纪初，松赞干布即位，统一了青藏高原，并创制文字、建立官制、制定法律，定都逻些（今拉萨），吐蕃逐渐强大。当时唐朝经济繁荣、文化发达，周围各少数民族纷纷遣使来唐，称臣纳贡，并以与唐宗室联姻为荣。唐太宗为了社会稳定，各族友好，也大力推行和亲政策，他把自己的妹妹衡阳公主嫁到突厥，又把弘化公主嫁给吐谷浑可汗，从而建立了唐朝与突厥、吐谷浑之间的友好关系。

贞观八年（634 年），吐蕃也派使者来唐朝，这是汉藏两族政治交往的开端。松赞干布羡慕唐朝的礼乐文化，又闻听突厥、吐谷浑都娶了唐公主为妻，于是在贞观十二年遣使携带珍宝向唐朝求婚。太宗没有应允，吐蕃使者谎称是吐谷浑从中挑拨，婚事才没成。松赞干布便发兵攻吐谷浑，然后派使者入唐献贡，扬言婚事不成就率兵攻唐，随后便挥兵进攻，太宗马上派兵反击。松赞干布见唐军来势凶猛，便引兵撤退，并派使者到长安谢罪，再次恳请迎娶唐公主，太宗这才应允。

640 年，松赞干布派宰相禄东赞来唐，进献黄金五千两及珍玩数百为聘礼，太宗决定将文成公主嫁给松赞干布。641 年，文成公主在礼部尚书江夏王李道宗的护送下离开长安，前往吐蕃。松赞干布亲自到伯海迎接公主，并特为文成公主筑布达拉宫，以夸示后代。

文成公主入藏时，带去大量的书籍、手工艺品、耕种用具、蔬菜种子等，陪同她入藏的还有 25 名侍女和众多的工匠厨役。文成公主教吐蕃人平整土地、开挖畦沟等耕种方法和防止水土流失、种植蔬菜等技术。后来她又要求唐朝送来酿酒、造纸、冶金、纺织等方面的工匠，帮助吐蕃人掌握生产技术，发展农业和手工业。吐蕃参考唐朝历法，创制了吐蕃历法。为进一步学习汉文化礼仪，吐蕃派遣贵族子弟到唐朝学习，并请唐文人为吐蕃掌管表疏。从此唐和吐蕃结成友好关系，赞普称唐皇帝为舅，自称外甥。自此以后，吐蕃赞普死后须向唐朝告哀，新立赞普也须经唐朝册封才合法。

唐太宗作为一个英明的封建君主，不在于他顺利地指挥了上述地区的军队，而在于他在用兵之后所采取的措施和政策：第一，他在许多少数民族地区建立了州县制度，同时仍以当地少数民族的首领和上层统治分子为各级官员。第二，他允许少数民族人民迁入内地生活，如突厥族内迁的就有十万人口，而在长安定居的竟有万家，可见唐太宗气度之大。第三，唐太宗还任用许多少数民族人士在朝中做官，如长孙无忌、尉迟敬德、房玄龄均出身于少数民族，也都是唐太宗核心集团的成员；颉利可汗被俘虏后，唐太宗任命他为右卫大将军；而迁居长安的突厥族各级首领多被拜为将军，布列朝廷。其中五品以上的高级官员达到一百多人，几乎同原来朝廷大臣的人数相等。这种情况，在历代以汉族为主的封建统治集团中是极少见的。第四，唐太宗十分重视同各少数民族上层统治者的和亲，多次将宗室之女嫁给各族首领，以建立一种亲戚关系，这对加强各族间的联系，促进各族间的融合起了积极的作用。

从当时的历史条件来看，唐太宗的民族政策确实收到了很好的社会效果。贞观四年（630年）四月，西北各族首领请求唐太宗允许他们为他上“天可汗”的尊号。唐太宗召见他们，高兴地说：“我是大唐天子，同时又行使可汗的权力！”群臣和各族首领听了，都兴奋地高呼“万岁”。后来，唐太宗果然以“天可汗”的印玺向西北各族下达诏书。贞观七年（633年）十二月，太上皇李渊与唐太宗置酒欢宴群臣。席间，李渊命突厥颉利可汗起舞，又命南方蛮族领袖冯智戴咏诗，气氛十分热烈。看到这种不寻常的场面，李渊兴奋极了，笑着对大家说：“胡越一家，自古未有也！”

贞观二十一年（647年）五月，一天，唐太宗在翠微殿会见群臣，他向大臣提出一个问题：“自古以来，有不少帝王虽然能平定汉族地区，但都不能制伏周边少数民族，我的才能不及古人，却做到了他们不曾做到的事情，这是什么原因呢？”臣下的回答多空洞无物，言不及义。最后还是唐太宗自己总结了五条经验，他讲的最后一条经验是：“以往帝王都只看重汉族而鄙视少数民族，唯独我能够像爱护汉族一样地爱护少数民族。”他的这一番话，过分夸大了他在这方面的业绩。然而，他在处理同少数民族关系上的成就，的确是前无古人的。在他统治的时期，中国发展成为一个空前辽阔的多民族国家。

七、晚年的骄奢和反省

历史上任何伟大人物的一生中，都有其最光辉灿烂的一段年华，唐太宗一生中最光辉灿烂的年华，就是从晋阳起兵到贞观前期的二十年时间，即李世民20岁到39岁的这段时间。但是，随着客观形势的变化，主要是社会经济的恢复、发展和唐朝政治统治的日益巩固，唐太宗贞观前期政治生活中光明的一面开始收缩，而原来就存在的阴暗面却逐步扩大，造成了贞观后期和贞观前期在政治风气上的差别以及唐太宗本人晚年的骄奢。

这个变化，大致是从贞观十年（636年）开始的。而这个变化最明显的标志，就是唐太宗纳谏精神的衰退。贞观十年，魏征在一次上书中向唐太宗尖锐地指出：说他在贞观初年是“闻善惊叹”；到贞观八九年间，还能“悦以从谏”；可是从那以后，就变得“渐恶直言”了，虽然有时也能勉强纳谏，但已不像从前那样豁达、痛快了。这样一来，正直的臣子会有所顾忌，而心术不正之徒反倒可以“肆其巧辩”。结论是：“妨政损德，其在此乎！”魏征的眼光是极其敏锐的，他从唐太宗纳谏精神的变化，已看出贞观政治的变化。

唐太宗贞观后期的“骄”，还表现在盲目自信的作风日益严重。贞观十八年（644年），唐太宗准备对高句丽用兵，听说有一个人曾经跟随隋炀帝出征高句丽，就召见他询问有关情况。这个人如实地说：“辽东道路遥远，运粮很困难；高句丽将士善于守城，不易立即攻下。”这都是实情。但是唐太宗却不以为然地说：“现在已经不是隋朝了，您只管听胜利的消息吧。”第二年，唐太宗亲征高句丽，虽然取得了一些胜利，但付出的代价却极大，与他出兵前的设想有很大距离。

唐太宗贞观后期的“奢”表现在各个不同的方面。一是“游猎太频”。当大臣们纷纷提出批评时，唐太宗甚至反唇相讥，说：“现在天下无事，武备不可疏忽，我只是常与左右的猎人于后苑，没有一件事烦扰百姓，这有什么关系呢？”其实，唐太宗“游猎”的地方有很多，并不只限于“后苑”。更糟糕的是，上行下效，太子李承

乾就因喜好“游猎”而“废学”，唐太宗的另一个儿子吴王李恪也在安州“数出游猎，颇损居人”。二是不惜国库。贞观十六年（642 年）六月，唐太宗竟然下了一道诏书，说自今以后，太子所用库物，有关部门不要加以限制，于是“太子发取无度”，太子属官张玄素上书反对这种做法，几乎被太子家奴秘密打死。三是不断营建宫殿。贞观四年（630 年），唐太宗接受了张玄素的直谏，停修洛阳宫。贞观八年（634 年），营建大明宫，原准备为李渊避暑时居住，但李渊没有来得及住上就于第二年死去了。贞观十一年（637 年），唐太宗又在洛阳兴建飞山宫。贞观二十一年（647 年），修翠微宫。贞观二十二年（648 年），即唐太宗去世的前一年，他还营建了玉华宫，说是“务令俭约”，结果仍然“所费已巨亿计”。这些都是劳民伤财的举动。

唐太宗贞观后期的“轻用人力”，还表现在“东征高句丽、西讨龟兹”，特别是贞观十九年（645 年）对高句丽的战争，动用大量的人力和物力。结果，唐太宗“以不能成功，深诲之，叹曰：‘魏征若在，不使我有是行也！’”但事隔不久，贞观二十一年（647 年）三月，又发兵万余人，乘楼船自莱州出发征讨高句丽。这年秋天，唐太宗下诏，发江南十二州工人造大船数百艘，以备征高句丽之用。第二年正月，再发兵三万余人及楼船战舰，自莱州泛海以击高句丽。同年八月，他下诏刺，要越州都督府及婺、洪等州造海船及双舫一千一百艘。九月，雅、眉等州少数民族人民不堪造船之苦，起来造反。唐太宗遣军镇压。有的地方，百姓苦造船之役，只好自己出钱雇别州之人造船，因而弄到“卖田宅，鬻子女，不能供”的地步！像这样“轻用人力”，在贞观前期是不曾出现的。

40 岁以后的唐太宗，不论在政治作风、思想作风方面，还是在健康状况方面，都走上了衰退的历程。这对于如此杰出的一位封建君主来说，当然也就于英武、豪迈之中染上了几分悲剧的色彩。

唐太宗在贞观后期的种种变化，虽说是一种发展趋势上的变化，但是这种变化没有使唐太宗成为一个昏君或暴君。社会是复杂的，一个杰出的历史人物所处的位置，往往是这种复杂关系的焦点。社会经济的好转，地主阶级的贪婪和享乐欲望，君临天下、唯我独尊的帝王生活，一部分朝臣的歌功颂德、阿谀逢迎等等，都是唐太宗必然发生变化的原因。但是，由于他个人的经历、品质和最高统治集团的人员构成，特别是由于隋朝灭亡的教训在当时最高统治集团中影响深远，这使得唐太宗的种种变化仍会受到某种程度的约束。

贞观十年（636年），唐太宗问群臣：“创业困难，还是守成困难？”房玄龄认为创业困难，魏征回答说是守成困难。唐太宗概括地说：“创业之难，已经过去了；守成之难，我当想着与诸公一道谨慎地对待它。”贞观十四年（640年），唐太宗对侍臣说：“我虽然平定天下，但守天下是一件很难的事情啊！”魏征听了很高兴，认为这是“宗庙社稷之福”。

贞观后期的唐太宗并没有变成刚愎自用的拒谏者；纳谏精神虽不如贞观前期，但还是在纳谏。贞观十三年（639年），唐太宗读了魏征的《十渐疏》后，表示要“闻过能改，克终善事”，并把此疏写在屏风上面，“朝夕瞻仰”，同时抄付史馆，让史官载入史册。贞观十七年（643年），对于魏征的去世，唐太宗十分悲痛，他说：“人以铜为镜，可以正衣冠；以古为镜，可以见兴替；以人为镜，可以知得失。魏征没，朕亡一镜矣！”魏征是贞观时期敢于直言纳谏的第一人，唐太宗这样深切地悼念魏征，说明他对于纳谏在政治生活中的重要性始终是有明确认知的。

贞观十八年（644年），唐太宗教导太子李治说：“舟所以比人君，水所以比黎庶，水能载舟，亦能覆舟。”贞观后期，唐太宗在滥用民力方面却有所发展，但他是以“水”不覆“舟”为前提的。他清楚地认识到，隋炀帝“过役人力”的历史教训是再深刻不过了。

唐太宗晚年也碰到太子废立的问题，但唐太宗终究有其英明之处，他在太子李承乾谋反败露后，于魏王李泰、晋王李治二人的抉择中，最后选择了晋王李治，并立下了一条原则：“自今太子失道，藩王窥伺者，皆两弃之，传诸子孙，永为后法。”在他看来，太子失道固不可取；然而诸王谋取皇位继承权的做法，也是不可取的。他的这一决定，避免了最高统治集团可能出现的分裂以致倾轧，反映了他在政治上的谨慎和远见。

唐太宗的晚年是在许许多多的矛盾中度过的。他对各种事情的处理，有不少的失误和错误，但总的来说，

仍然保持着一代英主的风度。贞观二十二年（648 年）正月，唐太宗作《帝范》十二篇赐给太子李治。他对李治说：“个人修养和治理国家，都写在这本书里了。”不过，他并不认为自己是值得后人效法的帝王，为了真正使他的继承人受到教育，唐太宗收起了君父的威严，在儿子面前对自己的一生作了总结和反省，他对李治说：“你应当从历史上寻找古代贤哲的帝王作为榜样，像我这样是不足以效法的。我即位以来，做了许多错事：锦绣珠玉不绝于前，宫室台榭屡有兴作，犬马鹰隼无远不致，行游四方，劳民伤财。这都是我的大错，你不要以为这些都是正确的，更不要跟着去做。”唐太宗的这一番剖白，其言甚重，其情至深，反映了他晚年能够自省的可贵精神。这种精神，在封建君主中是极少见的。

贞观十六年（642 年），年仅 45 岁的唐太宗已经过早地衰老了，他毫不隐讳地对臣下们说：“朕年将五十，已觉衰怠。”此后，太子谋反，魏王被废黜，辅国大臣相继谢世，使得唐太宗在精神上受到一次次严重的刺激，这无疑加速了他的“衰怠”。贞观十九年（645 年）辽东之役的归途中，他患上了痈疮，直到次年二月，“疾未全平，欲专保养”，所以他让太子李治去处理“军国机务”。不幸的是，唐太宗这时开始服食金石之药了。他曾嘲笑秦皇、汉武相信方士的长寿之术，而他自己也落入其中。贞观二十一年（647 年）三月，他患上了“风疾”。这时，他变得烦躁畏热，因而命人在骊山绝顶修建翠微宫。这大概跟他继续服用金石之药有关系。唐太宗一病半年多，虽于同年十一月“疾愈”，但体力大减，只能“三日一视朝”。贞观二十二年（648 年），唐太宗又派人从中天竺访得方士那罗迩娑婆寐，因误食其“延年之药”而使得病情急剧恶化。

贞观二十三年（649 年）三月，唐太宗带着沉重的病体，十分勉强地来到显道门，宣布了他的最后一道敕令。五月，大概是丹药毒性大发，唐太宗腹泻不止，名医为之束手。弥留之际，他向太子李治、长孙无忌、褚遂良一一交待了后事。接着，他便永远地告别了他统治了 23 年的大唐皇朝。

八、历史评价

唐太宗李世民在唐朝建立过程中出生入死，运筹帷幄，即位后，统一中国，抗击外来侵略，同时执行夷汉一家的政策，使唐朝成为历史上民族关系最为良好的时期，在促进民族团结和融合中作出了巨大的贡献，是一位伟大的民族英雄。他在位 23 年，在位期间国泰民安，社会安定，经济发展繁荣，军事力量强大。后人称他在贞观年间的统治为“贞观之治”。他吸取隋亡的教训，不独断专行，初步确立了三权分立、互相监督的政治管理制度。任用人才，虚怀纳谏。胸怀大局，采取四海一统的民族和外交政策。完善科举制度，大力兴办学校，重视教育活动，普及官吏选聘。倡导廉政、节俭、朴素，重视农田水利，为封建经济登顶奠定了坚实的基础。唐太宗李世民不愧为我国历史上一位伟大的政治家、军事家、战略家、文学家、书法家，是卓越的领袖以及影响中华乃至世界进程的杰出人物，他为中华民族作出了杰出贡献，留下了辉耀千古的丰功伟业及精神财富，因此受到人们的崇敬。

一代女皇——武则天

武则天（624—705），名曌，14岁入后宫为才人，唐太宗赐名媚。唐高宗时为皇后，唐中宗时为皇太后，690年后自立为武周皇帝，705年退位。在位期间，她打击了保守的门阀贵族、促进了经济的发展、稳定了边疆形式、推动了文化的发展。上承贞观之治，下启开元盛世，对历史发展做出了巨大贡献。她是中国封建唯一一个真正指掌国柄的女皇帝。自掌权时起，她便是一个备受争议的对象。迄今对她的毁誉褒贬，人们莫衷一是。

一、家庭背景

武则天（624—705），名曌。中国历史上唯一的女皇帝，即位时 67 岁，终年 82 岁。唐高宗时为皇后（655—683），唐中宗时为皇太后（683—690），690 年后自立为武周皇帝，705 年退位。

武氏为唐开国功臣武士彟次女，母亲杨氏，祖籍并州文水县（今山西省文水县），生于长安(今陕西西安)，生活在利州（今四川省广元市）。父亲武士彟，

官拜正三品工部尚书，封应国公。其母杨氏，出身名门，但文水武家却家世一般，武士彟以经营木材为业，家境殷实，因而得以结交唐朝开国皇帝李渊。隋炀帝大业末年，李渊任职河东和太原之时，曾多次在武家留住。隋炀帝命李渊镇守太原。李渊在太原起兵反隋以后，武家曾资助过钱粮衣物，故唐朝建立以后，曾享受“太原元谋勋效功臣”的荣誉，历任工部尚书、黄门侍郎、库部侍郎、判六尚书事、扬州都督府长史、利州（治所在今四川广元）、荆州（治所在今湖北江陵）都督等职。唐高祖还亲自为他做媒续弦，撮合了他和武则天生母杨氏的婚事。

虽然外祖父家是关中军事贵族的重要成员，武则天有高等士族的血统，但当时的门第是按父辈来论的，武士彟的出身不过是一介地主富商。他作为开国功臣，官居三品，爵封三等，以“今日冠冕”而论，可以跻身士族，但是唐太宗贞观十二年（638 年）修的《氏族志》，并“不叙武氏本望”，按照传统的门阀观念，把武则天家族排斥在外，社会上敌对派攻击她家“地实寒微”，连突厥人都称“武，小姓”。

家庭给予武则天的，一方面是当时上流社会的荣华富贵，另一方面是寒门的根底。荣华富贵滋养了她无限的权力欲，寒门根底却使她饱受流俗的鄙视攻击。在一个极重门第的门阀社会里，她这样寒门新贵出身的人，政治前途是坎坷多难的。正像在一座大开的希望之门前，横着无法逾越的障碍。这出身境遇

刺激着武则天，她那追逐最高权力，要支配一切的欲望和不择手段地报复一切的心理并存的独特的女皇性格，便是在这样的家庭环境中培养起来的。

二、初入宫廷

贞观元年（627 年），武士彟改任利州（今四川广元）都督，三岁的武则天随父亲来到这蜀门重镇，在那里度过了自己美好的童年。武则天从小性格强直，不习女红，唯喜读书，故知书达理，深谙政事。童年时代，曾随父母遍游名山大川，阅历丰富，培养了她的眼界和才干。武士彟在利州任五年都督后，改任荆州（今湖北江陵）都督。贞观九年（635 年），武士彟去世后，武则天孤儿寡母四人的生活，由于受到武家子侄的苛待而陷入困境。

贞观十年（636 年），唐太宗贤惠的长孙皇后去世。第二年唐太宗听说年轻的武则天长得明媚娇艳，楚楚动人，便将她纳入宫中。年仅 14 岁的武则天，很乐意摆脱异母兄长们的欺凌，满怀对宫廷神秘生活的憧憬，步入深宫。武则天入宫时母亲杨氏非常伤心，武则天小小年纪却自有主张，她轻松地劝慰寡居的母亲杨氏说："侍奉圣明天子，岂知非福，为何还要哭哭啼啼，作儿女之态呢？"

武则天进宫后被唐太宗封为四品才人，赐号"武媚"，故称武媚娘。有一次，她听说唐太宗有一匹名叫"狮子骢"的烈马，无人能够驯服，便主动对唐太宗说："臣妾能制伏陛下的这匹烈马，但需三件器物：一是铁鞭，二是铁楇，三是匕首。我先用铁鞭抽它，如果不服，再用铁楇击它的头，再不服，就用匕首割断它的喉咙。"唐太宗乃爱马之人，对她的驯马方法甚不认同，只觉武才人很是霸道。

武则天在唐太宗后宫 12 年，一直只是个正四品的才人，才人料理皇帝的食宿生活琐事，是最低级的内官。从 14 岁到 26 岁，武则天一生中最好的一段青春年华虚度在深宫后院中，除了宫中严格要求女官们读书习文增长了她的知识外，没有任何收获。

三、被封昭仪

贞观十七年（643 年），太子李承乾被废，晋王李治被立为太子。于是不甘寂寞的武才人借太宗晚年多病太子入侍之便，与李治暗中往来，打定了把自己托付给这位比自己小 4 岁的储君的主意。性格刚强又长于心计的武则天，很容易便取得了懦弱的李治的好感。

贞观二十三年（649 年）唐太宗去世。依唐后宫之例，武才人和后宫没有生育过的侍妾入感业寺削发为尼。永徽元年（650 年），唐高宗在太宗周年忌日入感业寺进香之时，又与武则天相遇，两人相认并互诉离别后的思念之情。由于无子而失宠的王皇后将此事看在眼里，便主动向高宗请求将武则天纳入宫中，企图以此打击她的情敌萧淑妃。唐高宗早有此意，当即应允。

永徽二年（651 年）五月，唐高宗的孝服已满，武则天便再度入宫。次年五月，被拜为二品昭仪，比才人高了两等。过去争风吃醋的王皇后和萧淑妃预感到自己的地位受到了威胁，便联合起来诋毁武昭仪。由于外廷官僚的介入，这场后宫的争斗意义不同寻常。

永徽三年（652 年）七月，后宫刘氏所生的唐高宗长子李忠被立为太子，这是经过王皇后同意后，太尉长孙无忌及另外三名宰相褚遂良、韩瑗、于志宁一起出面办的。而后又拉张行成、高季辅、宇文节在太子东宫兼职，为李忠安排了一个最强有力的保护班子。所有宰相，除李勣一个人全部都卷入了这一立储事件。

原来这时武则天怀孕的消息已从后宫传出来——半年后生下了她和唐高宗的第一个儿子李弘，这使没有生育过的王皇后感到恐慌。但是操纵外廷的是托孤大臣长孙无忌，一个世纪以来掌握西魏、北周、隋、唐政权的关中军事贵族或称关陇集团，也以长孙无忌为核心。王皇后是西魏大将军王思政的后人，长孙无忌一伙为其政治集团的利益着想，自然要极力维护王皇后，反对武则天，从而匆忙导演了这场抢占太子位的好戏。

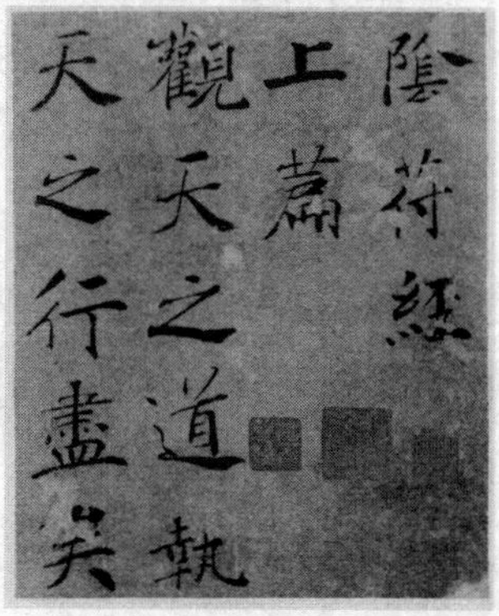

武则天隐忍了两年，看起来她只是接二连三地为唐高宗生儿育女。但是到了永徽五年（654 年），事情发生了转机。

立太子李忠的事件告诉武则天，内外廷都是容不得她的。既然没有了退路，她绝不安分守已听天由命，决定下毒手嫁祸于人。永徽五年（654 年）初，武则天生下一女婴，唐高宗视小女儿如掌上明珠。有一天，王皇后独自前来探望女婴，等王皇后离去以后，武则天见机狠心掐死了自己的亲生女儿。稍后高宗前来，掀开被子一看，大惊失色，忙询问情况。侍奉宫女都说王皇后刚刚离开此地，武则天也痛哭流涕，乘机历数皇后的种种不端。唐高宗听后深信不疑，认定女婴为王皇后所害，顿生废立之心，同时也想借废立皇后打击权臣。以当时情形而论，武则天只有施展宫廷阴谋，脚踩自己幼女的尸体，才朝皇后位置迈进了一步。

于是，唐高宗李治便和武则天一起来到长孙无忌府第，借饮宴刺探他的立场。在饮宴期间，高宗先是把无忌的三个儿子拜为朝散大夫，又赐给他大量金银锦帛，接着再吐露打算废立皇后的心意。但长孙无忌只是岔开话题，回避正式的表态。唐高宗和武则天没有达到目的，只得回宫。不久，武则天又指示她的母亲杨氏到长孙无忌处说项，却遭到长孙无忌的严词拒绝。武则天终于明白，以自己的出身门第，根本不可能指望得到贵族遗老们的支持，她和长孙无忌集团的决斗提到日程上来了。

武则天在一群不得志的官僚中找到了支持者，诸如中书舍人李义府、王德俭、御史大夫崔义玄、御史中丞袁公瑜和许敬宗，都是关陇集团以外的人。李义府按照许敬宗外甥王德俭的主意，首先上表请求废王皇后立武昭仪。武则天大喜，私下派人劳勉，李义府随即被提拔为中书侍郎。有这些人在外廷替她说话办事，她如虎添翼，可以同长孙无忌摊牌了。

永徽六年（655 年）六月，王皇后与其母柳氏找来巫师，企图用“厌胜”之术，将武则天诅咒而死。事情败露之后，唐高宗在盛怒之下，不但将柳氏赶出宫中，而且还想把武则天由昭仪升为一品宸妃，但由于遭到宰相韩瑗和来济的反对，最后不能成事。

不久，中书舍人李义府等人得知唐高宗欲废皇后而立武则天的消息后，勾结许敬宗、崔义玄、袁公瑜等大臣，再次向唐高宗接连投递了请求立武则天为后的表章。唐高宗看到有不少人支持，废立之意再次萌生。

永徽六年（655 年）八九月间，皇帝正式提出废立大事，借口是“皇后无子，武昭仪有子，今欲立昭仪为后”。长孙无忌一派反对，褚遂良、韩瑷等人也坚持己见：“皇后名家，不可轻废。一定要换，也要妙择天下令族，礼义名家，不可立武氏。”还抬出妲己、褒姒等女祸倾覆殷周的故事为亡国的鉴诫。宰相中唯有李勣对皇帝说：“此陛下家事，何必更问外人！”暗示他不要理会众人的反对，于是唐高宗李治拿定了主意。九月，高宗先贬褚遂良为外官；十月，下诏废王皇后，贬萧淑妃为庶人，立武则天为皇后。十一月，李勣主持了册封皇后礼。第二年正月，太子李忠黜为梁王，李弘取代他为太子。

四、封后称帝

永徽六年（655 年）十一月初，武则天又派人将正被囚禁的废后王氏和萧淑妃各打一百棍杖，并割去手、足，投入酒瓮之中，还气愤不过地说：“让这两个泼妇的骨头醉死酒中。”王、萧二人在酒瓮中哭喊了几天几夜，终于气绝而死。临死以前，萧淑妃大声骂道：“阿武妖精，竟恶毒至此！愿来世转生为猫，阿武为鼠，我要活活将她喉咙咬断。”据说武则天后来在宫中禁止养猫，而且常常夜梦王、萧二人披头散发，在宫中作祟。所以，她在执掌朝政以后，就常住东都洛阳，终身不归长安。

显庆四年（659 年）四月，武则天又捏造罪名，将长孙无忌、于志宁、韩瑗、来济等人削职免官，贬出京师。褚遂良贬死爱州（今越南清化），长孙无忌在黔州（今四川彭水）被逼自缢，韩瑗死在振州（今海南岛崖县西），还开棺验尸。此外来济远贬庭州（今新疆吉木萨尔），于志宁免官，长孙氏、于氏和褚氏等一批亲属子弟或杀或贬，他们在朝中的势力被摧垮殆尽。

至此，反对武则天的大臣被收拾得一个不剩。

（一）独揽朝政

显庆五年（660 年），高宗患上头风之疾，头晕目眩，不能处理国家大事，遂命武则天代理朝政。但武则天生性霸道，故每当决事，高宗每每受制于武则天。高宗非常不满，于是在麟德元年（664 年）利用皇后与皇帝间的一些摩擦，宦官王伏胜告皇后行蛊祝，宰相上官仪乘机劝皇帝，打算废掉武则天皇后之位。在唐高宗李治的授意下，上官仪起草了废武则天皇后的诏书。但上官仪的废后诏书还未草拟好，武则天即已接到消息。她直接来到高宗面前，追问此事，懦弱的唐高宗不得已，便把责任推到上官仪身上。上官仪和王伏胜当初都是废太子李忠的僚属，武则天指使许敬宗诬告他们与李忠谋大逆。十二月，上官仪、上官庭芝父子和王伏胜被杀，上官庭芝的妻子和女儿上官婉儿入宫为婢，监禁在黔州的李忠被赐死。从此以后，唐高宗每次上朝，武则天必在帘后操纵，天下大权完全归武后掌握，甚至连生杀大事都由武后决定，天子高宗只能唯命是从。

长达十二年的皇后和太子位之争，武则天取得了全胜。在这场斗争中双方营垒分明：王皇后长孙无忌一边，是士族门阀地主最后的政治代表关陇集团；武则天李勣一边，是新晋寒门地主的政治代表。武则天的胜利，意味着魏晋以来士族门阀地主控制中央政权四个半世纪的历史结束了。上层建筑的这一变革，和中国封建社会由前期的门阀地主部曲佃客制经济向普通地主契约的佃农制经济的过渡是同步进行着的。关陇集团的垮台更直接导致了关陇地区军事贵族地主部曲佃客制最后覆灭。这有利于普通地主取代没落的门阀地主，活跃封建经济，并符合使之向前发展的历史潮流。武则天为关陇集团和门阀制度唱响了挽歌，她登上了政治历史舞台。

（二）选拔人才

为了培植亲信，改造官僚队伍，武则天破格用人，并且在她当政期间进一步发展科举制度。咸亨年间（670—674），进士科成为科举诸科的中心。贞观年间共录取进士 205 人，高宗武后统治期间共录取 1000 余人。平均每年录取人数比贞观时增加一倍以上，平均为 20 余人，而且更加重视以文章取士，史家称这和“太后颇涉文史，好雕虫之艺”有关。与实际上以门第取人的九品中正旧制度相比，这种“学而优则仕”的科举制度无疑是历史的进步。唐玄宗开元之治的名相姚崇、宋璟、张九龄和文坛巨豪陈子昂、刘知几等，都是这时期通过科举制度选拔出来的杰出人才。

武后载初元年（690 年），武则天在洛城殿对贡士亲发策问，数日方了，是“殿试”之始。

这一年遣“存抚使”十人巡抚诸道，推举人才，一年后共举荐一百余人，武则天不问出身，全部加以接见，量才任用，或为试凤阁（中书省）舍人、给事中，或为试员外郎、侍御史、补阙、拾遗、校书郎，试官制度自此始，时人有“补阙连车载，拾遗平斗量，把推侍御史，腕脱校书郎”之语。武后虽以官位收买人心，然而对不称职的人亦会加以罢黜；明察善断，故当时的人亦乐于为武后效力。长安二年（702年）又设武举，选拔将军。科举考试时用“糊名”等办法防止作弊。她还不时下诏求贤，允许自举。武则天待人能进用不疑，求访无倦，得官虽易，课责却严，“不肖者施黜，才能者骤升，是以当代谓知人之明，累朝赖多士之用”。最著名的如姚崇、宋璟，这时都已被她破格提拔担任要职，后来他们成为开元名相。所以又可以说，武则天还为后来的开元之治作好了干部方面的准备。但她这时选拔上来的官员太多，正员已满，就作员外官安置，最后员外官数达到两千人，不仅增加了财政负担，也影响了吏治，到开元初成为一大弊端。

（三）北门学士

“二圣”时期，表面上是唐高宗和武则天共同执掌朝政，但由于高宗身体状况越来越差，实际上是由武则天以皇后的身份来处理国事。

她非常清楚，自己深居后宫，要想驾驭整个国家机器，还需要建立一支属于自己的亲信力量。当年曾为她争取皇后地位出过大力的亲信们，十多年来，大都被淘汰殆尽了，只剩下李勣、许敬宗两人，也已是风烛残年，不久于人世了。因此，武则天准备重新建立一支力量，作为自己治国安民的工具。

666年，武则天物色了一批才学俱佳的文人学士。这批文人学士被特许从玄武门出入禁中，时人称之为“北门学士”。

武则天“以修撰为名”，把这些文章高手召入禁中之后，编写了一批署武则天之名的著作，先后撰成《玄览》《古今内范》《青宫纪要》《少阳政范》《维城典训》

《紫枢要录》《凤楼新诫》《孝子传》《列女传》《内范要略》《乐书要录》《百僚新诫》《兆人本业》《臣轨》等书。

武则天召集的"北门学士"，名义上是修撰著作，实际上是武则天的智囊团，武则天密令他们参决朝政，"以分宰相之权"。这批"北门学士"组成的智囊团，为武氏造舆论、定主张出了很大的力。在此后的二十余年中，武则天不仅在皇后的位置上坐得稳稳当当，高宗死后她又临朝称制，并逐步改唐为周，这些都是与"北门学士"分不开的。因此，武则天也没有忘记这些功臣，他们多数被擢升为三四品高官，范履冰、刘祎之还官至宰相，长期受到重用。

"北门学士"不仅帮助武则天分减皇权和相权，而且在有关国家的经济、军事、文化、政治等方面为武则天出过不少良策。674年，唐高宗称天皇，武则天升为天后，四个月之后，她就在"北门学士"的协助下，提出了治理国家的一个政治纲领:《建言十二事》。其内容为："一、劝农桑，薄赋徭。二、给复三辅地（免除长安及其附近地区之徭役）。三、息兵，以道德化天下。四、南、北中尚（政府手工工场）禁浮巧。五、省功费力役。六、广言路。七、杜谗口。八、王公以降（下）皆习《老子》。九、父在为母服齐衰（丧服）三年（过去是一年）。十、上元（年号）前勋官已给告身（委任状）者，无追核。十一、京官八品以上，益廪入（增加薪水）。十二、百官任事久，才高位下者，得进阶（提级）申滞。"

武则天建言劝农桑、薄徭赋、给复三辅地，并禁浮巧、省力役，对于缓解灾荒起到了一定的作用。"北门学士"从组织伊始，直到武则天登基称帝的二十多年中，一直是武则天手中重要的执政工具。武则天正是通过这个由文章高手组成的智囊班子，才一步一步地从皇后、天后走向皇帝宝座。称帝之后，武则天总揽朝纲，广招天下俊杰，"北门学士"的地位才慢慢不那么重要了。

（四）与子争权

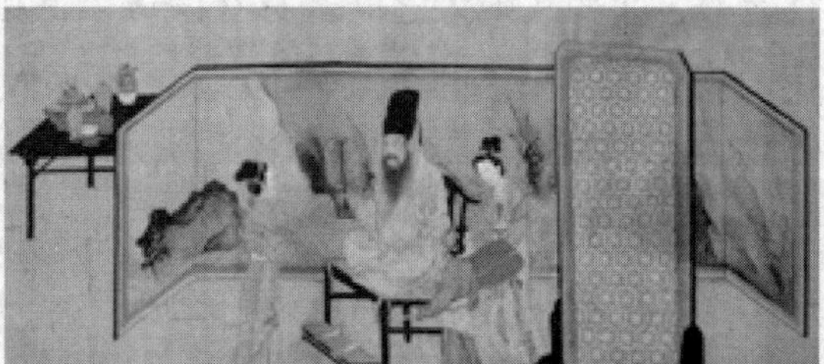

670年以后，武则天逐渐成长起来的儿子们，成为权势欲极强的她继续扩充势力的麻烦。历来史书上都有武则天杀害自己的

大儿子李弘和二儿子李贤的说法。

太子李弘“礼接士大夫，中外属心”，咸亨二年（671年）以后，时高宗风眩更甚，拟使武后摄政，宰相郝处俊说：“陛下奈何以高祖、太宗之天下，不传之子孙而委之天后乎！”高宗才罢摄政之意。太子弘深为高宗钟爱，高宗欲禅位于太子，因此唐高宗一再让李弘监国或处理朝政。武后想总揽大权，不满于太子弘，刚好太子弘发现，他的年逾三十的两个姐姐，即萧淑妃之女义阳、宣城二公主，因其母犯案遭牵累而被幽禁宫中，年逾三十而未嫁，便奏请准她们出嫁。李弘因管这件闲事惹恼了武则天，此后几次奏请连旨，因此失爱于武则天。皇帝因身体不好有意传位给他，这就危及武则天辅佐丈夫执掌朝政的大权。突然，太子李弘死于洛州合璧宫绮运殿，他的死成为历史上的一个谜。不少史学家认为李弘是被武则天用毒酒杀死的；也有人认为李弘一向多病，无论怎样，李弘一死，他们母子间的权力之争就这样不了了之了。

继任太子的是武则天的次子李贤，他与武则天也爆发了一场激烈的权力之争。上元三年（676年）初，李贤被立为太子不久，唐高宗曾想再次传位于皇后，遭到宰相郝处俊和中书侍郎李义琰的激烈反对，这两位士族出身的官僚引经据典要皇帝“谨守宗庙，传之子孙”。唐高宗因此作罢，一心培植儿子李贤，任命郝处俊和新提拔的李义琰两名宰相兼任太子左、右庶子，辅佐李贤。李贤也召集张大安等一批学者注《后汉书》，实际上在后党北门学士之外另立太子的宗派。唐高宗数次命他监国，“太子处事明审，时论称之”，表现得比他哥哥更有能力，而和武则天之间却存在隔阂。武则天命北门学士撰《少阳政范》和《孝子传》给李贤读，李贤并不顺从。正谏大夫明崇俨“私奏章怀太子不堪承大位”，消息泄露出去被李贤知道。仪凤四年（679年）五月的一天夜里，明崇俨突然遇刺身亡，这被认为是太子谋反的罪证。武则天不同意皇帝要宽宥李贤的想法，说：“为人子怀逆谋，天地所不容；大义灭亲，何可赦也！”李贤终于被废，并遭到幽禁。四年后，文明元年（684年）二月，在废唐中宗后第三天，武则天派人去巴州（今四川巴中）杀了李贤。李贤成为与武则天争权的牺牲品。

弘道元年（683年）十二月，唐高宗病逝，临终遗诏："太子李显于柩前即位，军国大事有不能裁决者，由武则天决定。"四天以后，李显即位，是为唐中宗。武则天被尊为皇太后继续过问国事。两个月后，嗣圣元年（684年）二月，唐中宗被废，他想让岳父韦玄贞当侍中，授予乳母的儿子五品官，和中书令裴炎顶撞起来，武则天立即命裴炎等带禁军上殿，将唐中宗摔下宝座，废为庐陵王。她再容不得一个想把握实权的人坐在皇帝位上，哪怕那个人是她的亲生儿子。

武则天严密防范儿子们，牢牢把政权掌握在自己的手里，这就使士族官僚、士大夫复辟门阀政治的活动无隙可乘。无论当时一心夺权的武则天是否明确想到过这一层，她同儿子们的争夺必将导致这样的后果。

（五）征服四夷

唐高宗在世时，和边疆少数民族的关系比较紧张。龙朔三年（663年）吐蕃吞灭吐谷浑后，又于咸亨元年（670年）攻陷西城十八州及拔换城（今新疆阿克苏），唐罢龟兹、于阗、焉耆、疏勒四镇。其后唐军还在大非川（今青海共和县切吉平原）和青海湟川接连大败。高宗末年，西突厥联合吐蕃、侵逼安西，不断举兵反唐，四镇一再易手。调露元年（679年）东突厥二十四州酋长皆反，三十年无事的北边烽火连年。东边，唐军平高句丽后不过八年，便于上元三年（676年）撤回辽东。武则天临朝，各方都不安宁。

1. 平定突厥

对叛唐复立的东突厥，武则天除了调动军队进行防御战外，还以极大的耐心和宽容争取和解，正如在对契丹作战时得到突厥的配合，突厥两次突袭契丹后方，使骚扰河北的战火很快平息下来。武则天授予突厥可汗"立功报国可汗"的称号，并兑换咸亨年间安置再丰（今内蒙古临河东）、夏

（今陕西靖边县白城子）、朔（今山西朔县西南）、胜（今内蒙古准格尔旗东北十二连城）、灵（今宁夏灵武西南）、代（今山西代县）六州的突厥降户数千帐，又给谷四万斛，杂彩五万段，农器三千事，铁四万斤，后来还建立了和亲关系。武则天当时虽未能完全遏制突厥的不断侵掠，但由于比较重视发展内地和突厥族间从生活资料到生产资料的交换关系，为天宝初年突厥再次来归，并为最终融合在我们民族大家庭中准备了条件。

2. 巩固西陲

吐蕃自松赞干布和禄东赞死后，在西边为患三十年。大规模屯田的成功，加强了大唐西北边防的实力，武则天很有战略眼光地派出右鹰扬卫将军王孝杰为武威军总管，与武卫大将军阿史那忠节率兵赴西域征讨吐蕃。军队同吐蕃反复争夺安西四镇，终于在长寿元年（692 年）由王孝杰率军收复安西四镇，派三万汉兵镇守，以巩固西北边防，维持东西方丝绸之路的畅通。对吐蕃请罢安西四镇戍兵和分十姓突厥之地的无理要求，武则天派郭元振调查，最后采用郭元振的建议，向吐蕃声明：设置安西四镇就是为了扼其东侵，若吐蕃实无东侵之意，可归还吐谷浑诸部和青海地作为交换，婉转地拒绝了吐蕃的要求。武则天连年派出和亲使，作出友好的高姿态。怀念松赞干布和文成公主时代唐蕃亲密关系的吐蕃人民，因而怨好战的论钦陵，终于这个三十年来破坏唐（周）蕃关系的罪魁祸首在内讧中自杀。

3. 征讨契丹

东北的契丹，因不堪忍受营州（今辽宁朝阳）都督赵文翙的欺凌，于万岁通天元年（696 年）起兵反抗，攻陷营州、冀州（今河北省冀县）、瀛洲（今河北省河间）、幽州（今北京）、赵州（今河北省赵县），一路杀掠屠城，收复安西四镇的王孝杰也战死了。由于东突厥的配合，奚族反水，才平息了这一事件。事后武则天赦免的契丹勇将李楷固、骆务整曾建功击平契丹余党。但开元以后民族纷争仍一直不断，由于唐玄宗处置不当，酿成安史之乱，唐王朝从极盛的巅峰一下子跌落下来。

总之在边防和民族关系上，武则天时期采取各种手段努力镇抚，取得一定成效，但问题也很严重，给各族人民带来惨痛的劫难。不过就整个形势的发展而言，治边的问题历代层出不穷，不能完全归罪于武则天。

4. 平息内乱

嗣圣元年（684 年）二月，中宗欲以韦后父韦玄贞为侍中，裴炎力谏不听，武则天遂废唐中宗为庐陵王，并将其贬至房州（治所在今湖北房县）。立第四子豫王李旦为帝，是为唐睿宗，武则天以皇太后的身份临朝称制，自专朝政。从此至武则天下台的神龙元年（705 年），（其中包括天授元年起武则天称帝的十五年），史称“则天朝”（684—705）。这是武则天“圣衷独断”，掌握着全部皇帝权力的 21 年。

在武则天临朝称制和称帝的时期，最引人注目的是文明元年（684 年）的扬州起兵，垂拱四年（688 年）的宗室起兵和自文明元年至万岁通天二年（697 年）长达 14 年的酷吏政治。反对派官僚和李唐宗室两次发动武装叛乱，武则天任使酷吏，以滥刑恐怖“回报”叛党。

发动扬州起兵的是以李勣（原名徐世勣）之孙李敬业（徐敬业）、李敬猷兄弟为首的遭到贬谪的失意官僚。唐高宗死后政局动荡，他们以为有机可乘，举兵联合骆宾王等，以支持庐陵王为号召，还抬出一个貌似李贤的人，扬言“贤不死，亡在此城中，令吾属举兵”。发了一篇骆宾王起草的《讨武曌檄》，向武则天公开挑战：“请看今日之域中，竟是谁家天下！”他们十多天内就聚合了十万部众，占领了扬（今江苏扬州）、润（今江苏镇江）、楚（今江苏淮安）三州，却没有渡淮北上直取洛阳与武则天决战，而是因金陵（今江苏南京）有王气，可以守江自固，掉头南下，营筑分裂割据的“霸基”去了。

武则天看到对自己极尽诽谤谩骂之能事的檄文不过微微一笑，她问明作者是骆宾王，还可惜这样的人才居然流落在

外，如果在庙堂之上，做宰相也不为过。武则天果断地处决了在朝中利用这一事件要挟自己退位的裴炎，一面以左玉钤大将军李孝逸为扬州道大总管，率兵三十万，前往征讨。在淮阴、高邮下阿溪一路鏖战，终于大败叛军。前后 44 天，平定了扬州，而“海内晏然，纤尘不动”，李敬业一伙搞分裂的野心家得不到社会的同情支持，很快就一败涂地了。十一月，李敬业兵败自杀。

武则天命令僧人薛怀义率领一万多人，毁乾元殿，建明堂，费时近一年落成，高 294 尺，阔 300 尺。共三层，上为圆盖，盖上立有铁凤，高一丈。饰以黄金，称为“万象神宫”。所花费用以万亿计，政府财政为之枯竭。是年武承嗣命人凿白石为文曰：“圣母临人，永昌帝业。”并号称在洛水中发现此白石，献给武后，武后大喜，命其石曰“宝图”。

垂拱四年（688 年）五月，武则天加尊号为“圣母神皇”，并正式称“陛下”，这明白无误地传递着改朝换代的信息。一时盛传预定在年底举行的明堂朝会是个阴谋，待诸州都督、刺史及宗室外戚会齐，武则天要对宗室子弟下毒手。于是李唐宗室诸王策划举兵反抗，还是以“迎还中宗”及营救被幽禁的唐睿宗皇帝为旗号。

卷入这一事件的有以韩王李元嘉为首的宗室王公大臣和公主驸马十余人，但因计划泄漏，只有琅玡王李冲及其父越王李贞两人仓促起事。李贞在博州（今河南汝南）起兵接应时，李冲已经兵败战死，李贞无奈，一度想罢兵赴阙请罪。武则天派十万大军前往讨伐，围城攻坚，李贞征募的七千人马毫无斗志，争先恐后坠城出降，越王见大势已去，服毒自尽。

两次宗室起兵简直都不堪一击。回想他们的先祖，从西魏柱国大将军李虎到李唐开国皇帝李渊、李世民，都是以武功见长，但随着关陇军事集团的衰败，他们的子孙把马上征战的看家本领也忘光了。在政治上斗输之后，兵戎相见时也敌不过武则天。至此关陇集团只好绝了死灰复燃、东山再起的希望。这是被历史巨浪淘去的一代风流。关陇集团在其存在的一个多世纪里曾有过很高的建树，历史铭记着他们为结束南北朝的纷乱，开创大一统繁盛局面的贡献。李氏一家，从李虎到李世民四代人都可为之见证。但他们从下层上来后又趋向与旧门阀合流，在面向未来时又代表着过去，背上了沉重的包袱。于是历史又选出武则天来取代关陇集团，以便于整个社会结构的改造更适合新社会的特点，从而能比较顺利地前进。

（六）重用狄仁杰

狄仁杰（630—700），字怀英，生肖为虎。唐代并州太原（今太原南郊区）人。生于隋大业三年，即607年（一说生于唐贞观四年，即630年），卒于武则天久视元年（700年）。武则天时期任宰相，是杰出的政治家。应试明经科（唐代科举制度中科目之一），从而步入仕途。从政后，经历了唐高宗与武则天两个时代。初任并州都督府法曹，转大理丞，改任侍御史，历任宁州、豫州刺史、地官侍郎等职。狄仁杰为官，如老子所言“圣人无常心，以百姓心为心”，为了拯救无辜，敢于拂逆君主之意，始终保持体恤百姓、不畏权势的本色，始终是居庙堂之上，以民为忧，后人称之为“唐室砥柱”。

狄仁杰出生于一个官宦之家。祖父狄孝绪，任贞观朝尚书左丞，父亲狄知逊，任夔州长史。狄仁杰通过明经科考试及第，出任汴州判佐。时工部尚书阎立本为河南道黜陟使，狄仁杰被吏诬告，阎立本受理讯问，他不仅弄清了事情的真相，而且发现狄仁杰是一个德才兼备的难得人物，谓之“海曲之明珠，东南之遗宝”，推荐狄仁杰作了并州都督府法曹。

武则天垂拱二年（686年），狄仁杰出任宁州（今甘肃宁县、正宁一带）刺史。其时宁州为各民族杂居之地，狄仁杰注意妥善处理少数民族与汉族的关系，“抚和戎夏，内外相安，人得安心”，郡人为他勒碑颂德。御史郭翰巡察陇右，宁州歌颂狄刺史者盈路，郭翰返朝后上表举荐，狄仁杰升为冬官（工部）侍郎，充江南巡抚使。狄仁杰针对当时吴、楚多淫祠

的弊俗，奏请焚毁祠庙一千七百余所，唯留夏禹、吴太伯、季札、伍员四祠，减轻了江南人民的负担。垂拱四年（688年），博州刺史琅玡王李冲起兵反对武则天当政，豫州刺史越王李贞起兵响应，武则天平定了这次宗室叛乱后，派狄仁杰出任豫州刺史。当时，受越王株连的有六七百人入狱，籍没者多达五千人。狄仁杰深知大多数黎民百姓都是被迫在越王军中服役的，因此，上书武则天说："此辈咸非本心，伏望哀其诖误。"武则天听从了他的建议，特赦了这批死囚，改杀为流，安抚了百姓，稳定了豫州的局势。其时，平定越王李贞的是宰相张光辅，将士恃功，大肆勒索。狄仁杰没有答应，反而怒斥张光辅杀戮降卒，以邀战功。他说："乱河南者，一越王贞耳。今一贞死而万贞生。""明公董戎三十万，平一乱臣，不戢兵锋，纵兵暴横，无罪之人，肝脑涂地，此非万贞何耶。""但恐冤声腾沸，上彻于天。如得尚方斩马剑加于君颈，虽死如归。"狄仁杰义正词严，张光辅无言可对，但怀恨在心，还朝后奏狄仁杰出言不逊。狄仁杰被贬为复州（今湖北沔阳西南）刺史，入为洛州司马。

狄仁杰的才干与名望，已经逐渐得到武则天的赞赏和信任。天授二年（691年）九月，狄仁杰被任命为地官（户部）侍郎、同凤阁鸾台平章事，开始了他短暂的第一次宰相生涯。身居要职，狄仁杰谨慎自持，从严律己。一日，武则天对他说："卿在汝南，甚有善政，卿欲知谮卿者乎？"狄仁杰谢曰："陛下以臣为过，臣当改之；陛下明臣无过，臣之幸也。臣不知谮者，并为善友。臣请不知。"武则天对他坦荡豁达的胸怀深为叹服。

狄仁杰官居宰相，参与朝政之时，也正是武承嗣显赫一时，踌躇满志之日。他认为狄仁杰将是他被立为皇嗣的障碍之一。长寿二年（693年）正月，武承嗣勾结酷吏来俊臣诬告狄仁杰等大臣谋反，将他们逮捕下狱。当时法律中有一项条款："一问即承反者例得减死。"来俊臣逼迫狄仁杰承认"谋反"，狄仁杰出以非常之举，立刻服了罪："大周革命，万物惟新，唐室旧臣，甘从诛戮，反是实！"来俊臣得到满意的口供，将狄仁杰等收监，待日行刑，不复严备。狄仁杰拆被头帛书冤，置棉衣中，请狱吏转告家人“天热了，来把棉衣取回”。狄仁杰的儿子狄光远得其冤状，持书上告。武则天召狄仁杰等“谋反”的大臣面询：“承反何也？”狄仁杰从容不迫地答曰：“向若不承反，已死于鞭笞也。”又问：“何为做谢死表？”答曰：“臣无此表。”武则天令人拿出谢死表，才弄清楚是伪造的。于是下令释放此案七人，俱贬为地方官。狄仁杰被贬为彭泽令。如此，狄仁杰运用自己的才智计谋死里逃生。以后，武承嗣欲根除后患，多次奏请诛之，都被武则天拒绝。

在彭泽（今江西彭泽）令任内，狄仁杰勤政惠民。赴任当年，彭泽干旱无雨，营佃失时，百姓无粮可食，狄仁杰上奏要求朝廷发散赈济，免除租赋，救民于饥馑之中。万岁通天元年（696 年）十月，契丹攻陷冀州（今河北临漳），河北震动。为了稳定局势，武则天起用狄仁杰为与冀州相邻的魏州（今河北大名一带）刺史。狄仁杰到职后，改变了前刺史独孤思庄尽趋百姓入城，缮修守具的做法，让百姓返田耕作。契丹部闻之引众北归，使魏州避免了一次灾难。当地百姓歌颂他，为他立碑。不久，狄仁杰升任幽州都督。

狄仁杰的社会声望不断提高，武则天为了表彰他的功绩，赐给他紫袍、龟带，并亲自在紫袍上写了“敷政木，守清勤，升显位，励相臣”十二个金字。神功元年（697 年）十月，狄仁杰被武则天召回朝中，官拜鸾台侍郎、同凤阁鸾台平章事，加银青光禄大夫，兼纳言，恢复了宰相职务，成为辅佐武则天掌握国家大权的左右手。此时，狄仁杰已年老体衰，力不从心。但他深感个人责任的重大，仍然尽心竭力，关心社会命运和国家前途，提出一些有益于社会和国家的建议或措施，在国家的社会政治生活中发挥了巨大的作用。

圣历元年（698 年），武则天的侄儿武承嗣、武三思数次使人游说太后，请立为太子。武则天犹豫不决。狄仁杰以政治家的深谋远虑，劝说武则天顺应民心，还政于庐陵王李显。当时，大臣李昭德等也曾劝武则天迎立李显，但没有为武则天所接受。对武则天了解透彻的狄仁杰从母子亲情的角度从容地劝说她：“立子，则千秋万岁后配食太庙，承继无穷；立侄，则未闻侄为天子而附姑于庙者也。”武则天说：“此朕家事，卿勿预知。”狄仁杰沉着

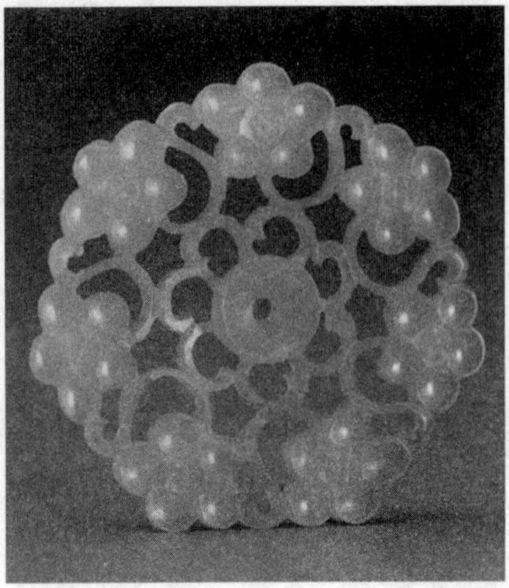

而郑重地回答："王者以四海为家。四海之内，孰非臣妾？何者不为陛下家事！君为元首，臣为股肱，义同一体。况臣位备宰相，岂得不预知乎？"最终，武则天感悟，听从了狄仁杰的意见，亲自迎接庐陵王李显回宫，立为皇嗣，唐祚得以维系。狄仁杰因此被历代政治家、史学家称为有再造唐室之功的忠臣义士。

圣历元年（698年）秋，突厥南下骚扰河北。武则天命太子为河北道元帅、狄仁杰为副元帅征讨突厥。时太子不行，武则天命狄仁杰知元帅事，亲自给狄仁杰送行。突厥默啜可汗尽杀所掠赵、定等州男女万余人退还漠北，狄仁杰追之不及，武则天改任他为河北道安抚大使。面对战乱后的凋残景象，狄仁杰采取了四条措施：一、上书请求赦免河北诸州，一无所问，使被突厥驱逼行役的无辜百姓乐于回乡生产。二、散粮运以赈贫乏。三、修驿路以济旋师。四、严禁部下侵扰百姓，犯者必斩。这些举措的实施很快恢复了河北的安定。

久视元年（700年），狄仁杰升为内史（中书令）。这年夏天，武则天到三阳宫避暑，有胡僧邀请她观看安葬舍利（佛骨），奉佛教为国教的武则天答应了。狄仁杰跪于马前拦奏道："彼胡僧诡谲，直欲邀致万乘所宜临也。"武则天遂中道而还。是年秋天，武则天欲造浮屠大像，预计费用多达数百万，宫不能足，于是诏令天下僧尼施钱以助。狄仁杰上书谏曰："如来设教，以慈悲为主。岂欲劳人，以在虚饰？""比来水旱不节，当今边境未宁。若费官财，又尽人力，一隅有难，将何以救之？"武则天接受了他的建议罢免了其役。

作为一名精忠谋国的宰相，狄仁杰知人善任，也常以举贤为意。一次，武则天让他举荐一名将相之才，狄仁杰向她推举了荆州长史张柬之。武则天将张柬之提升为洛州司马。过了几天，又让狄仁杰举荐将相之才，狄仁杰曰："前荐张柬之，尚未用也。"武则天答已经将他提升了。狄仁杰曰："臣所荐者可为宰相，非司马也。"由于狄仁杰的大力举荐，张柬之被武则天任命为秋官侍郎，又过了一个时期，升位宰相。后来，在狄仁杰死后的神龙元年（705年），张柬之趁武则天病重，拥戴唐中宗复位，为匡复唐室作出了巨大的贡献。狄仁杰还先后举荐了桓彦范、敬晖、窦怀贞、姚崇等数十位忠贞廉洁、精明干练的官员，他们被武则天委以重任之后，政风为之一变，朝中出现了一种刚正之气。以后，他们都成为唐代中兴名臣。对于少数民族将领，狄仁杰也能举贤荐能。契丹猛将李楷固曾经屡次率兵打败武周军队，后兵败来降，有官员主张处斩。狄仁杰认为李楷固有骁将之才，若恕其死罪，必能感恩效节，于是奏请授其官爵，委以专征，武则天接受了他的建议。果然，李楷固等率军讨伐契丹余众，凯旋。武则天设宴庆功，举杯对狄仁杰说："公之功也。"由于狄仁杰有知人之明，有人对狄仁杰说："天下桃李，悉在公门矣。"

在狄仁杰为相的几年中，武则天对他的信重是群臣莫及的，她常称狄仁杰为"国老"。狄仁杰喜欢面引廷争，武则天"每屈意从之"。狄仁杰曾多次以年老告退，武则天不许，入见，常阻止其拜。武则天曾告诫朝中官吏："自非军国大事，勿以烦公。"

久视元年（700年），狄仁杰病故，朝野凄恸，武则天哭泣着说："朝堂空也。"赠文昌右相，谥曰"文惠"。唐中宗即位，追赠司空。唐睿宗又封之为梁国公。

（七）制定严刑酷法

为了给一切公开和潜在的对手以最沉重的打击，武则天作为一个专制君主，除了动用军事机器进行镇压外，平时多倚仗严刑酷法慑服群臣。

垂拱二年（686年）三月，武则天下令制造铜匦(铜制的小箱子)，置于洛阳宫城之前，随时接纳臣下表疏。同时，又大开告密之门，规定任何人均可告密。凡属告密之人，国家都要供给驿站车马和饮食。即使是农夫樵人，武则天都亲自接见。所告之事，如果符合旨意，就可破格升官。如所告并非事实，亦不会问罪。同时，武则天又先后任用索元礼、周兴、来俊臣、侯思止等一大批酷吏，掌管制狱，被告者一旦被投入此狱，酷吏们则使用各种酷刑审讯，能活着出狱的百无一二。这样，随着告密之风的日益兴起，被酷吏严刑拷打致死的人日渐增多。于是在朝廷内外便形成

了十分恐怖的政治气氛，以致大臣们每次上朝之前，都要和家人诀别，惶惶不可终日。

武则天很快就建立了一支凶残狠毒没有人性的酷吏队伍。后来受到禁锢惩治的二十七名大酷吏中就包括周兴、来俊臣等臭名昭著的家伙。他们编写《告密罗织经》教唆其徒陷害无辜，设计出“定百脉”“求即死”等刑具和骇人听闻的酷刑。凡下狱者，几乎无一生还。那是封建专制历史上极黑暗极恐怖的一页，武则天本人因而也难逃“千古未有之忍人”的恶名。她这一套还被后代的专制独裁者传承、流毒深远。

从文明元年（684 年）杀李贤、裴炎开始，到万岁通天二年（697 年）来俊臣弃市为止，十四年间可以统计到的四十余宗大案里，李唐宗室近支被诛杀殆尽，特别是有资格同武则天争夺皇位的唐高祖、唐太宗、唐高宗三代皇帝的皇子，除了武则天自已生的李显、李旦二人外，无一幸免。十四年间任职宰相五十八人，被杀被贬的各二十一人，而冤杀禁军主将程务挺、王方翼、李孝逸、黑齿常之、泉献诚等，又使军队战斗力大损。武则天因此也丧失群臣的信赖，一批旧臣难忘中兴之计，酝酿政变，埋伏下最终导致她下台的危机。

这场酷吏的恐怖政治主要是针对宗室贵族和上层官僚的，对社会下层骚扰不大。武则天的做法当时还得到了一些官吏的谅解，他们也认为“不峻刑名，不可摧奸息暴”，而“苍生晏然，紫宸易主”，是一“大哉伟哉”的成功。武则天在酷吏猖獗时注意悉心保护了徐有功、魏元忠、狄仁杰等一批直臣，而当皇权在她手里逐渐巩固时，她便陆续处置了包括周兴、来俊臣在内的大部分酷吏，放弃了酷吏政治，并在生前下诏平反了所有冤狱。我们还应该看到，搞酷吏政治的滥刑和当时武则天破格用人的滥选相辅相成，造成官僚队伍的不断更迭。在这个变动中，大量普通地主涌上政治舞台，不少旧门阀士族被清除出去，士族门阀世袭的政治特权无从维系，新兴普通地主得到了在政治上发展的机会。没有完全被酷吏政治的血腥气淹没的社会，还是挣扎着蹒跚地迈出了向前的步履。

(八) 武后造字

690 年，僧法明等撰《大云经》四卷，指武后是弥勒佛下世，当代唐为天下主，武后下令颁行天下。命两京诸州各置大云寺一所，藏《大云经》，命僧人讲解，并提升佛教的地位在道教之上。九月侍御史傅游艺率关中百姓九百人上表，请改国号为周，赐皇帝姓武。于是百官及皇室宗亲、百姓、四夷酋长、沙门、道士共六万余人，亦上表请改国号。武后准所请，改唐为周，改元天授。武后称圣神皇帝，以睿宗为皇嗣，赐姓武氏，以皇太子为皇孙。立武氏七庙于神都，追尊周文王曰：始祖文皇帝。立武承嗣为魏王，武三思为梁王，其余武氏多人为王及长公主。

武则天是中国历史上唯一的一位女皇帝，她除了改服易帜、频繁改元、变更职官名称外，还相信文字对于思想统治的力量，发明了一些全新的文字，替代原有的文字，以除旧布新、树立权威，实际上也有好大喜功和愚民因素在里面；后世称这些文字为“则天文字”。

则天文字不纯粹凭空创造，也有依托古字而改，例如改“天”字时就是利用了“天”字的篆书，表明武则天效法古代先贤，有“法古”之意；但更多的是全新创造，强调她发动的是一场革命，不但在政治上革了李唐王朝的命，在文化上也要革命，所以要“自我作古”，创造一个全新的时代。

那么则天文字究竟有多少个呢？由于武则天命人所作的、收录有所有则天文字的《字海》已经失传，因此历来众说纷纭，有 12 个、16 个、17 个、18 个、19 个和 21 个等说法，而有记载的则天文字则有 30 个左右。因为有些单字的新写法有两种，或者因为印刷、手写方式不同而产生错误，形成变体字，按原字则算一个字，按新字则算两个

字或更多，所以造成了统计的不同。如果按原字计算，则21个的说法是其中字数最多的，17个的说法是被普遍认同的。

则天文字在全中国仅通行十五年，虽然字并不是很多，但都是常用字，所以造成了一定的混乱。文物鉴定上也常常把则天文字的出现视为武周时期的一个特有现象。随着女皇帝的退位，神龙元年二月初四甲寅日（705年3月3日）唐中宗复国号为大唐，武周王朝告终，原字恢复，则天文字虽未被立刻废止，但由于书写困难，渐渐被人们淡忘，最终停止使用。然而，由于武则天的影响力，则天文字不但在中国本土流传开来，还传到国外。虽然如今的则天文字已成为死文字，除文史研究外，日常生活中已经不再使用，但它仍然保存了下来而没有消失。

（九）豢养男宠

万岁通天二年（697年），太平公主把“年少、美姿容、善音律”的张昌宗推荐给母亲武则天。张昌宗又把他的哥哥张易之也拉进宫里。兄弟俩成为薛怀义之后的又一代男宠，连权势炙热的武承嗣、武三思等一班贵戚重臣都不得不在他俩面前像门生家奴一样恭敬。

圣历二年（699年），武则天为张易之置控鹤监，以张昌宗、田归道等为控鹤监内供奉。同时，武则天又命张昌宗为修书使，召张说、徐坚刘知几等26人在内殿修《三教珠英》，这是一部关于儒、释、道的百科全书。控鹤监网罗才能文学之士参与，类似以前设“北门学士”，是想以二张为核心再形成一股新的亲信力量。朝臣中一批趋炎附势的人物也投靠二张，包括苏味道、房融等宰相，占当时曾在相位人数的三分之一。像武则天复立庐陵王为太子这样的大事，也是经二张策划游说而决定的，由此可见他们干预政事之深，决非等闲之辈。

五、政变复唐

二张得势后，经常打击不顺从自己的大臣乃至王公贵戚，武则天为之贬逐多年最受重用的魏元忠、张说和杨元禧、杨元亨兄弟，长安元年（701 年）又杀了私下议论武则天委政张易之兄弟的李显长子邵王重润（懿德太子）和他的妹妹永泰公主、妹夫武承嗣子魏王武延基。官员们则利用张氏兄弟贪赃枉法和引术士占相等案件，将他们绳之以法，可是武则天一再将他们赦免。诉诸法律解决不了问题，一场政变就不可避免了。

策划政变主要人物是宰相张柬之等五人，政变成功后他们都被封王，所以历史上称这次政变为“五王政变”。另一名宰相姚崇，是重要的幕后人物。中央禁军中，右羽林卫大将军李多祚和左、右羽林卫将军杨元琰、李湛、薛思行等参与政变，五王中敬晖、桓彦范也有将军衔。政变集团还联络好太子李显、相王李旦、太平公主和武则天外家杨执一等人。

神龙元年（705 年）正月，趁武则天卧病不起，张柬之等发动了政变，首先率羽林军五百余人顺利占据了宫城正北的玄武门，突入宫中，直奔武则天居住的迎仙宫，在廊下当即将张易之、张昌宗处死，而后又杀了他们的兄弟几个，他们的党羽流放外地的有房融等数十人。当时他们回答武则天，政变是张易之、张昌宗谋反，奉太子之令诛之。武则天看到李义府子李湛也参与政变，非常生气，李湛受到责备，愧无以对。政变的性质是反二张的，从根本上说，不是反武则天的，参与政变的许多人物，包括太子、太平公主、姚崇等，都和武则天有很好的关系，但是因为二张弄权，不得不铤而走险，以政变为自安计。但是既然政变已经成功，完全控制住局势，就顺便把武则天请下台。次日，他们以武则天的名义下《命皇太子监国制》。第三天，武则天被迫传位给太子李显，上尊号为则天大圣皇帝。恢复唐国号、百官、旗帜、服色、文字等皆复旧制，恢复以神都为东都，武周政权至此结束。

武则天搞酷吏政治，虽然一时维护了她的统治，但这件很不得人心的事在武则天君臣关系中留下了深深的伤痕，表面上后来融洽起来的君臣关系下面埋伏着信任危机，因此武则天的晚年政治实际上是非常孤立的。内心的空虚寂寞使她不得不在政治上求助于二张，而这样做又使她陷入更加孤立的境地，最后二张为她招来了政变。这位在半个世纪政治斗争中的长胜者，终于没有逃脱悲剧性的结局。政策在社会上必然的反馈使她自食恶果。

705 年十一月，武则天死于洛阳宫城西南的上阳宫仙居殿，终年 82 岁。遗诏去帝号，称则天大圣皇后。有人反对武则天与唐高宗合葬乾陵，唐中宗没有理睬，亲自将灵柩护送回长安，隆重地为母亲举行了葬礼。复立庐陵王以后，武则天母子前嫌俱释，这一成功的决策安定了当时的政局，也为武则天身后赢得哀荣。

乾陵是我国唯一一座一对皇帝夫妻的合葬陵，陵前高耸着一块武则天纪念碑，这庄重的巨碑意味深长地一字未刻。有的人说是因为女皇帝的功绩盖世，无法以文字表达；有的人说是因为武则天功过是非，当时人难于结论。这座闻名于世的无字碑，千年来昂然挺立，它似乎象征着武则天对自己一生事业的信心，应该是有意留下空白，任凭世人评说吧！

六、历史评价

对于武则天，从唐代开始，历来有各种不同的评价，角度也各不相同。唐代前期，由于所有的皇帝都是她的直系子孙，所以当时对武则天的评价相对比较积极，比较正面。但随着时间的推移，特别是司马光所主编的《资治通鉴》，对武氏加以严厉批判。到了南宋期间，程朱理学在中国思想上占据了主导地位，轻视妇女的舆论决定了对武则天的评价。譬如明末清初的时候，著名的思想家王夫之，就曾评价武则天“鬼神之所不容，臣民之所共怨”。唯一不可否认的是，武则天对历史做出过巨大的贡献。

武则天对历史发展做出的第一个贡献是打击了保守的门阀贵族。武则天被立为皇后以后，把反对她做皇后的长孙无忌、褚遂良等人一个一个地都赶出了朝廷，贬逐到边远地区。这对于武则天来说，是杀鸡儆猴，但这些关陇贵族和他们的依附者，在当时已经成为一种既得利益的保守力量。把他们赶出政治舞台标志着关陇贵族从北周以来长达一个多世纪统治的终结，也为社会进步和经济发展创造了一个良好的条件。

第二个贡献是促进了经济的发展。虽然，唐代统治者早在贞观（唐太宗年号）年间就提出过“劝农桑”的政策，但是由于各种原因，未能很好地施行。因此，武则天在“建言十二事”中就建议“劝农桑，薄赋役”。在她掌权以后，又编撰了《兆人本业记》颁发到州县，作为州县官劝农的参考。她还注意地方吏治，加强对地主官吏的监察。对于土地被兼并而逃亡的农民，也采取比较宽容的政策。因此，武则天统治时期，社会是相当安定的，农业、手工业和商业都有了长足的发展，人口也由唐高宗初年的 380 万户进一步增加到 615 万户，平均每年增长 9.1%。这在中古时代，是一个很高的增长率，也是反映武则天时期唐代经济发展的客观数据。

第三个贡献是稳定了边疆形势。武则天执政后，边疆并不太平。西突厥攻占了安西四镇，吐蕃也不断在青海一带对唐展开进攻。北边一度臣服的突厥和东北的契丹一直打到河北中部。武则天一方面组织反攻，恢复了安西四镇，打退了突厥、契丹的进攻，一方面在边地设立军镇和常驻军队，并把高宗末年在青海屯田的做法推广到现甘肃张掖、武威、内蒙古五原和新疆吉木萨尔一带。以温和的民族政策，接纳多元文化的发展。对在屯田工作上做出了巨大贡献的娄师德，武则天特致书嘉勉。书中特别指出，由于屯田，使得北方镇兵的粮食“数年咸得支给”。

第四个贡献是推动了文化的发展。唐人沈既济在谈及科举制度时说道：“太后颇涉文史，好雕虫之艺。”又说：“太后君临天下二十余年，当时公卿百辟，无不以文章达，因循日久，浸已成风。”沈既济的这些话包含了丰富的内容。一是武则天重视科举，大开志科。有一次策试制科举人时，她亲临考场，主持考试。二是当时进士科和制科考试主要都是考策问，也就是如今的申论。文章的好坏是录取的主要标准。三是武则天用人不看门第，不问是否是高级官吏的子孙，而是看是否有政治才能。因此特别注意从科举出身者中间选拔高级官吏。科举出身做到高级官吏的读书人越来越多。这就大大刺激了读书人参加科举的积极性，更刺激了一般人读书学习的热情。这就是沈既济所说的“浸已成风”。开元、天宝年间“父教其子，兄教其弟”，“五尺童子耻不言文墨焉”的社会风气，就是从武则天时期开始的。正是文化的普及，推动了文化的全面发展。著名的诗人和文学家崔融就是这个时期涌现出来的。这时的雕塑、绘画也达到了前所未有的水平。

武则天主政初期，由于大兴告密之风，重用酷吏周兴、来俊臣等，加上后世史学家不齿于她拥有“男宠”，所以史书内都对她的所作所为大加鞭挞，直斥其阴险、残忍、善弄权术，与中宗时韦后之专政，合称为武韦之乱。但赵翼为武则天的私生活辩护，说：“人主富有四海，妃嫔动至千百，后既身为女王，而所宠幸不过数人，固亦无足深怪，故后初不以为讳，并诺不必讳也。”

栈悬斜避石桥断
栈寻溪

开创盛世——康熙

康熙帝，名爱新觉罗·玄烨，一生好学敏求，勤于政事，雄才大略，崇尚节约，爱民如子。他平定叛乱、收复失地，巩固了国家统一；他一生苦研儒学，表倡程朱理学，设馆编纂典籍。他还兴修水利，治理黄河，鼓励垦荒，薄赋轻税。他在位 61 年，由于他的文治武功，中华帝国的多民族统一的局面得到巩固和发展，出现了“康乾盛世”的繁荣，开创中华帝国的另一黄金时代。

一、少年即位

爱新觉罗·玄烨，清朝第二代皇帝。顺治十一年（1654 年）生于景仁宫，为清世祖顺治帝第三子。顺治十八年（1661 年）即位，时年 8 岁，由索尼、苏克萨哈、遏必隆、鳌拜四大臣共同辅政，年号康熙。康熙六年（1667 年）亲政，康熙八年，年仅 16 岁的康熙暗结内大臣索额图等人智捕鳌拜，夺回大权。亲政后，宣布永远禁止圈地，准许壮丁“出旗为民”，同时又奖励垦荒，蠲钱免粮，任用靳辅、陈潢治理黄河，规定“额外添丁，永不加赋”；设立南书房掌票拟谕旨，加强皇权；又平定平西王吴三桂、平南王尚可喜之子尚之信、靖南王耿继茂之子耿精忠长达八年的三藩之乱；收复台湾；平定准噶尔部噶尔丹叛乱，巩固了国家统一；又巡行东北，两次发起雅克萨反击战，沉重打击沙俄侵略势力，派索额图、佟国纲赴尼布楚与沙俄谈判边境问题，行前确定黑龙江流域的广大领土“皆我所属之地，不可弃之于俄罗斯”的原则，签订《尼布楚条约》，划定中俄东段边界，使多民族国家的统一得到巩固发展。他一生苦研儒学，表倡程朱理学、开博学鸿儒科，设馆纂修《明史》，编纂《古今图书集成》《全唐诗》《佩文韵府》《康熙字典》等。他还兴修水利，治理黄河，鼓励垦荒，薄赋轻税，爱民如子。但是，康熙晚年也曾屡兴文字狱，残酷镇压反清思想。康熙六十一年（1722 年）死于畅春园，葬于清东陵之景陵，享年 69 岁，庙号“清圣祖”。康熙大帝一生好学敏求，勤于政事，雄才大略，崇尚节约。在位 61 年，由于他的文治武功，中华帝国的多民族统一的局面得到巩固和发展，出现“康乾盛世”的繁荣，开创中华帝国的另一黄金时代。

顺治皇帝临死之前，遗诏命索尼、苏克萨哈、遏必隆和鳌拜四个人为辅政大臣，叫他们共同辅佐年仅 8 岁的玄烨做皇帝。这四个人受命后，曾在顺治皇帝的灵前发过誓，说他们要“协忠诚，共生死，辅佐政务”，并且保证“不私亲戚，不计怨仇，不听旁人及兄弟子侄教唆之言，不求无义之富贵”“不结党羽，

不受贿赂”等等。但是，这些誓言说过不久都化作了泡影，辅政大臣变成了少年天子的绊脚石。

（一）除鳌拜

康熙即位之时，清朝处于百废待兴的局面。康熙虽然当了皇帝，但因为年幼，国家大事的决断基本掌握在四位辅政大臣手中。这四位辅政大臣，索尼居首位，总掌启奏批红等大权，但年老力衰。排在第二位的苏克萨哈富有才干，但与鳌拜不和。其后的遏必隆则为人圆滑，不与人争锋。对权力最有野心的是鳌拜。为了在索尼退下之后掌控朝政，鳌拜一方面拉拢遏必隆，一方面借圈地事件打击苏克萨哈。在处理朝政时，鳌拜十分专横，根本不将康熙帝放在眼里。

康熙以退为进，在祖母的支持和帮助下，一方面避免与鳌拜发生正面冲突，一方面韬光养晦，专心学习治世本领，并寻找适当时机铲除鳌拜。

康熙六年（1667 年）六月，索尼去世。苏克萨哈为了使康熙能够及早亲政，并迫使遏必隆和鳌拜也交出权力，他在康熙亲政第六天上书请求退隐。在康熙尚未做出反应之际，鳌拜罗织了 24 条罪状陷害苏克萨哈，并强迫康熙将其处死。清除了苏克萨哈后，鳌拜更加肆无忌惮，结党营私，疯狂地扩张自己的权力和财富；并以维护祖宗之法为借口，把顺治时期的某些进步改革一个一个地推翻；朝廷所有政事，均由他一人决断；鳌拜还欺负康熙帝年幼，经常在康熙面前呵斥大臣，甚至吼叫着同康熙争吵不休，直到康熙让步为止。对于康熙帝的有些诏令，他也敢公开抗旨。面对这样一个咄咄逼人的家伙，康熙帝必然要采取相应的对策。

康熙六年（1667 年）七月，康熙帝已经 14 岁了，依照规定，他可以亲政了。于是康熙决定废除四大臣辅政体制，实行亲政。但原有辅政体制却未能发生变化。此时的康熙帝虽然还是个少年，但是他天资聪慧、机智过人，加上平时努力学习历代的统治经验，已经开始成熟起来。于是，康熙帝不动声色，悄悄地为铲除鳌拜做准备。古人说：“欲擒故纵。”玄烨对鳌拜也是采用

的这种麻痹战术。他曾给鳌拜父子分别加过“一等公”“二等公”的封号，以后又分别加了“太师”“少师”的封号。至此，鳌拜父子也真到了位极人臣的地步。然而，加封不过是一种表面现象。玄烨亲政后不愿做傀儡皇帝，他同鳌拜的矛盾日益激化。到康熙八年（1669年），鳌拜自恃位高权重，经常借口有病不上朝。有一次玄烨去探望鳌拜，御前侍卫和托发现鳌拜神色反常，便迅速走到鳌拜床前，揭开席子发现一把匕首。鳌拜见此情景十分紧张。玄烨却出人意料地笑了，说：“刀不离身是满人的故俗，不足为怪！”当场稳住了鳌拜。这些事情使康熙帝意识到该是铲除鳌拜的时候了。康熙考虑到鳌拜亲信党羽遍布朝野，所以决定设计将其铲除。

康熙帝回宫后，立即召大学士索额图入宫，谋划铲除鳌拜之事。在此之前康熙帝以演习摔跤为名，选择训练一群身强力壮的少年，为擒拿鳌拜做了准备。现在，终于到了实施他的计划的时刻了。

康熙八年（1669年）五月，康熙决定采取行动。他首先将鳌拜的党羽以各种名义派出，削弱鳌拜的势力，然后派人将鳌拜召入宫中，鳌拜进宫后，便神不知鬼不觉地被一群演习摔跤的少年擒获，并立即被投入监狱。玄烨监禁了鳌拜后，公布了鳌拜的三十条罪状。他下诏说：“鳌拜愚悖无知，诚合夷族。特念效力年久，迭立战功，贷其死，籍贯没拘禁。”也就是说，鳌拜因立过许多战功，所以免于一死而终身监禁。此后，康熙帝逮捕、惩办了鳌拜集团的首恶分子，鳌拜的党羽在此之后也被一一擒拿。后来鳌拜死于狱中。

康熙铲除鳌拜后，还为以前受到鳌拜打击迫害的人平反昭雪，下令永远禁止圈占民地，限制奴仆制度，放宽逃人法，改革政府机构，恢复被鳌拜取消的内阁和翰林院。由于康熙帝的这些决定深得人心，因而进一步巩固了清朝的中央集权。

铲除权臣鳌拜，使得少年的康熙帝在政治上从此摆脱了充当傀儡的烦恼，为他日后施展自己的雄才伟略创造了条件。

（二）刻苦学习

谈起康熙皇帝，就不能不说他的好学。过人的功业，因有过人的思想；而过人的思想，因有过人的学习。“学习”二字，是解开康熙一生开创大业秘密的一把钥匙。

康熙帝 8 岁丧父，10 岁又丧母，非常可怜。母亲重病时，小玄烨“朝夕虔侍，亲尝汤药，目不交睫，衣不解带”；母亲病故后，小玄烨又昼夜守灵，水米不进，哀哭不停。一个年龄才 10 岁的孩子，两年之间，父母双亡，形影相吊，应当说是人生最大的不幸。他后来回忆说，幼年在“父母膝下，未得一日承欢”。人常是这样：生于忧患，死于安乐。忧患使人痛苦，但忧患也激人奋进。幼年的忧患，激励了康熙奋发学习、自立自强的精神。

康熙帝身上有着三种血统、三种文化。他的父亲是满洲人，祖母是蒙古族人，母亲是汉族人。他深受祖母的教诲，又向苏麻喇姑（苏墨尔，孝庄随嫁贴身侍女）学习蒙古语，向满洲师父学习骑射，跟汉族师父学习儒家经典。康熙帝的勇武与奋进，受到了满洲文化的影响；高远与大度，得益于蒙古文化的熏陶；仁爱与韬略，来自汉族儒学的营养；后来，他的开放与求新，则是受了耶稣会士西方文化的熏染。康熙帝吸收了中外悠久而又新进、博大而又深厚的文化营养，具有当时最高的文化素质。这为他展现帝王才气，实现宏图大业奠定了基础。

康熙帝是中国历史上少有的嗜书好学的帝王。他 5 岁入书房读书，昼夜苦读，不论寒暑，甚至废寝忘食。又喜好书法，“每日写千余字，从无间断”。他读“四书”——《大学》《中庸》《论语》《孟子》，“必使字字成诵，从来不肯自欺”。后来他要求皇子读书，读满百遍，还要背诵，这是他早年读书经验的传承。康熙帝即位后，学习更加勤奋，甚至过劳咯血。他读书不是为了消遣，而是为了“体会古帝王孜孜求治之意”，以治国、平天下。他在出巡途中，深夜乘舟，或居行宫，谈《周易》，看《尚

书》，读《左传》，诵《诗经》，赋诗著文，习以为常。直到花甲之年，仍手不释卷。

（三）修改历法

铲除鳌拜后，摆在少年康熙帝面前的第二个烦恼就是清朝初年的历法风潮。

清朝定都北京后，曾经为明朝修改历法的一些西方传教士，又投靠了清政府。以汤若望为首的耶稣会士们，在顺治帝当政期间，受到极为优惠的待遇。

由于修改历法取得成绩，汤若望被任命为钦天监的监正（相当于国家天文台的台长），还被赐予“通玄法师”的称号。顺治皇帝死后，康熙帝年幼，鳌拜排斥一切进步事物。有一个叫杨光先的人，上书给清政府，说科学家徐光启借鉴西方科学是“贪其奇巧”“阴行邪教”，有阴谋；又说汤若望阴谋推翻清朝，在《时宪历》上印有“依西洋新法”五个字，是向全世界宣示清朝屈服于西方，应将汤若望等人处死，恢复旧历法。在鳌拜的操纵下，议政王会议、礼部、刑部决定废除新历法，并杀了一批主张用新历法的人。由于康熙帝祖母的庇护，汤若望才免于一死。汤若望下台以后，杨光先被任命为钦天监监正。杨光先对天文历法并无新的研究，对中国古老的一套也不熟悉，所以推算屡屡出现错误。这时，康熙帝已经十五六岁了，他一面酝酿着消灭鳌拜势力，一面思考着解决新旧历法争议的途径。当时，他还没有能力从科学上分清这场斗争的是非，因而十分苦恼。但他知道，只有抛弃偏见，并用实验的方法来检验新旧历法，才能得出正确的结论。他派大学士李霨等人向杨光先和西方传教士南怀仁等宣读他的指示：不准心怀偏见，不许固执己见，“务须实心，将天文历法详定，以成至善之法”。后来经过多次测量、推算，杨光先等人的旧法总是不准，而南怀仁的新法则比较准确。但杨光先的理论更厉害，说：“皇上是尧、舜的继承人，应该用尧舜以来的老黄历，假如改用西洋历法，那么尧舜以来的诸书礼乐、文章制度就都完了！”所以，“宁可使中国无好历法，不可使中国有西洋人”！康熙帝对此非常反感。到康熙八年（1669 年）五月，鳌拜集团倒台。南怀仁等传教士控告杨光先“依附鳌拜”，要求将杨光先处死。康熙帝虽然支持新历法，但反对把这场科学上的公案引入政治斗争的邪路。所以，他决定宽大处理：“杨光先本当依议处死，但念其年老，姑从宽免，妻子亦免流徙（流放）。”

清初的历法争议，对少年康熙帝产生了极大的刺激。他后来回忆说：“新旧历法两派互相控告，死了不少人。在双方辩论时，王公大臣中竟没有一个人对历法有所了解。朕目睹其事，心中痛恨。所以在日理万机之余，专心学习天文历法二十余年，终于略知其大概，不至混乱。”

在科学的是非面前无所依从，虽然是康熙帝少年时代的一大烦恼，但却使他懂得了学习的重要性。康熙十五年（1676 年），他下令钦天监的官员必须学习新历法，对新历法不了解的人，不准升用。不过，康熙帝虽然学习西洋历法，但他并不迷信和墨守这些成果。他认为，新历法使用年月久了，也会出现偏差，也必须不断纠正。

少年时代的康熙帝，在政治上铲除了鳌拜集团，在科学上分清了历法争议的是非。这两件事，显示了他确实具有卓越杰出的智慧，有统治国家的巨大魄力。

二、统一战争

康熙帝粉碎鳌拜集团之后，在朝廷内部实现了大权归一，真正达到了亲政的目的。但是，整个中国还不统一，还潜伏着分裂割据的危机。当时，在南方，有手握重兵、伺机而动的汉族军阀吴三桂、尚之信、耿精忠；在东南沿海及台湾岛有伺机窜犯大陆的郑氏小朝廷；在西北方有彪悍难伏、时或掠夺的准噶尔部。因此，康熙帝面临和肩负着一场统一国家的战争。

（一）平三藩

所谓“三藩”，是指明朝灭亡后投靠清朝的三个汉族军阀，即镇守云南的平西王吴三桂，镇守福建的靖南王耿精忠和镇守广东的平南王尚可喜之子尚之信。自清朝初年以来，这三个军阀在追随清军镇压农民起义和消灭南明抗清势力的过程中，逐渐扩大了私人势力，各自拥兵在手，他们各霸一方，形成几股割据势力。“三藩”都拥有大量武装。特别是吴三桂，“功最高，兵最强”，积极储将帅，习武备，使“四方精兵猛将，多归其部下”。他们仗着自己日益壮大的力量，飞扬跋扈，不听约束，给清廷以很大威胁，而且所耗军费巨大。

吴三桂自康熙元年（1662 年）在云南绞死了南明永历帝朱由榔后，便割据云南。吴三桂在当地圈占民地，抢掠人口，苛捐杂税，鱼肉百姓。他占据南明桂王五华山的帝宫作为藩王府，大肆扩建，搞得“千门万户、极土木之盛”。吴三桂为了扩大势力，还招降纳叛，广收党羽。他选官、练兵，清朝中央政府不能过问，各项开支不受户部限制。所以当时有“天下之财，半耗于三藩”的说法。盘踞在广东、福建的尚之信、耿精忠也都极力扩大自己的势力。因此三藩的割据，不仅是清朝实行中央集权的巨大障碍，而且还严重地威胁着清朝的统治。

对于三藩应持什么政策，是养痈成患还是连根拔除？对此，清朝政府内部意见不一，曾经进行多次辩论。有的人主张削去三藩兵权，即实行撤藩；但许多人害怕吴三桂等人，认为撤藩会引起天下大乱。康熙十二年（1673 年）三月，平南王尚可喜因受不了其子的挟制，向朝廷提出告老还乡，但请求留其子尚之信接替他的封爵，继续镇守广东。19 岁的康熙帝认为这是个撤藩的大好机会，便以此为引线，立即批准尚可喜告老还乡，但不准其子继承爵位。当时，吴三桂的儿子在北京，消息很快就传到了云南、福建。吴三桂、耿精忠心中忐忑不安，便于七月先后上书，假意请求撤藩，以此试探朝廷的态度。康熙帝接到吴三桂、耿精忠的上书，下令廷臣会议讨论。当时大部分廷臣反对撤藩，有的说吴三桂镇守云南地方尚属平静，有的说撤藩后朝廷另派兵去镇守，财政费用太大，因此断不可撤，实际上是怕引出乱子。只有户部尚书米思翰、兵部尚书明珠、刑部尚书莫洛等少数大臣主张撤藩，认为绝不能再让吴三桂盘踞云南了。经过几次会议讨论，意见始终不能统一，而且辩论十分激烈。这时，康熙帝挺身而出，作了果断的裁决：坚决撤藩。他指出："三藩久握重兵，已经形成尾大不掉之势。吴三桂蓄意谋反已久，撤亦反，不撤亦反，与其养痈成患，不如及早除掉。"所以他毅然下令批准吴三桂、耿精忠自请撤藩的上书，并派特使分别赴云南、广东、福建宣读朝廷撤藩命令并督促实行。

吴三桂接到旨意后，便于当年（1673 年）十一月，在云南悍然发动叛乱，发布讨清檄文，宣布要恢复明朝，并自称为"天下诏讨兵马大元帅"。从此，一场长达八年的大叛乱正式揭开了战幕。

叛乱开始后，吴三桂的军队很快就攻入湖南，攻陷常德、长沙、岳州、澧州、衡州等地。他又派人四处散布檄文，煽诱鼓动。广西将军孙延龄、四川巡抚罗森等许多地方大员纷纷叛清。在短短数月之内，滇、黔、湘、桂、闽、川六省陷落，一时局面相当严重。随后，陕西提督王辅臣、广东尚之信、福建的耿精忠等也相继反叛，叛乱扩大到广东、江西、陕西和甘肃等省。

三藩之乱来势汹汹。叛乱消息传到北京后，清朝内部有一些顽固守旧的大臣，主张重蹈西汉初汉景帝杀晁错的历史覆辙。他们对康熙帝说：

"应该先杀掉那些主张撤藩的大臣，只有这样才能使吴三桂息兵。"康熙帝坚决反对重复历史的错误。他熟读史书，深知这是腐儒之见，汉景帝虽然杀了主张削藩的晁错，吴楚七国之乱依然不止，因为吴王刘濞等人是醉翁之意不在酒，年轻的康熙帝对"三藩"之乱采取了坚决打击的措施。康熙帝表示："如果有错误，朕一人承担，决不把责任推给别人。"因此，他非但不杀主张撤藩的户部上书米思翰和兵部尚书明珠等人，而且把吴三桂留在京师的儿子吴应熊等人投入监狱。为了横扫清廷内部的妥协论调和表示自己平叛的决心，康熙帝又下令处死了吴三桂的儿子吴应熊、孙子吴世霖。这样，朝廷内部的思想得到了某种程度的统一，并使吴三桂在精神上受到一次沉重的打击。

三藩之乱爆发时，康熙帝年仅 20 岁。但是他的历史知识丰富，又熟读兵法，善于谋略，指挥得当。康熙在指挥过程中意识到，部队军纪存在问题，八旗兵攻破城池后，扰民滋事，掳掠妇女，这样下去，部队将失去民心。于是，康熙召集众将，申明纪律，下令归还军中有夫之妇，让城中许多被拆散的夫妻团圆。他知道三藩之乱虽然气势吓人，但只要打败了吴三桂，其他人均不在话下。所以，他制定了重点进攻吴三桂的战略，争取其他叛乱者中立、归降。如他反复争取叛乱的陕西提督王辅臣，稳定了西北战场的局面，粉碎了吴三桂打通西北的阴谋；他在军事进攻之余，又利用耿精忠与台湾郑氏集团之间的矛盾，招降了耿精忠；并乘势进军，迫使郑氏势力退出福建；到康熙十六年（1677年），尚可喜忧愤而死，尚之信也因与吴三桂矛盾重重，在清军的进逼下向清朝投降。

康熙帝在激烈的战争中，能够保持刚毅、果断、沉着、机智。他深得用兵之道与指挥之法。他指示领兵诸将：战争中要紧的是得民心，所以一定要"严禁军士侵扰百姓"。为了取得这场战争的胜利，他执行了罚先行于亲贵的做法，即对那些敢于玩忽职守、贻误军机、畏缩不前的败军之将，即使是皇亲国戚，也绝不宽贷。如他下诏公布了顺承郡王勒尔锦、简亲王喇布、贝勒尚善、察尼、鄂鼐、洞鄂等人坐失战机，收受贿赂的罪行，分别给予了处罚。他说："若非朕运筹决策，命令水师取岳州，命令岳乐的江西军队进攻长沙，命令图海的陕西军速复平凉，后果几乎不堪设想。在一般人尚不可原谅，何况是王、贝勒这些皇亲国戚呢！”

吴三桂等人虽然一度掀起波澜，但是这些朝秦暮楚、气节丧尽的家伙是得不到拥护的。甚至有人作诗讽刺吴三桂说：“复楚未能先覆楚，帝秦何必又亡秦？丹心已为红颜改，青史难宽白发人！”这意思是说：“你不但没有恢复明朝，反倒是把明朝给灭亡了；你为了一个美人（指陈圆圆）而改变了丹心，历史是难以宽恕你这老头子的！”到康熙十七年（1678 年）三月，在清军的步步紧逼下，吴三桂日暮途穷，在湖南衡阳称帝，国号“大周”，改元“昭武”，但几个月后就在内外交困、忧愤交加中死去。他的孙子吴世璠即位后更是一天不如一天。康熙二十年（1681 年），清军攻陷昆明，吴世璠自杀。一场席卷十省、长达八年的大叛乱终于平息。

三藩之乱平定后，康熙帝采取一系列措施消除昔日的弊病。他下令在原来三藩控制的地区设立八旗兵驻防，将藩王的财产全部充官作为军饷，革除昔日的苛捐杂税，归还被三藩霸占的部分民田。这些措施不但加强了国家的统一，也促进了经济的发展。

（二）收复台湾

当三藩之乱的硝烟弥漫在中国上空的时候，盘踞在台湾岛以及东南沿海的郑氏集团也乘机向内地窜犯，并与三藩沆瀣一气。因此，康熙帝在平定三藩之乱后，便决定解决台湾问题。

台湾自古以来就是中国的领土。荷兰殖民者趁明末中国动乱之机，派兵占领了台湾，在台湾血腥统治了 38 年。直到清初顺治十八年（1661 年），民族英雄郑成功才把荷兰人赶走。郑成功原想以台湾作为反清的基地。但不幸中年早死，壮志付之东流。郑成功死后，郑氏集团内部互相倾轧，统治者花天酒地，鱼肉百姓，完全丧失了郑成功那种英雄气概。清朝政府曾多次用招抚办法，想和平解决台湾问题。但是郑经（郑成功之子）集团一面表示可以称臣入贡，一

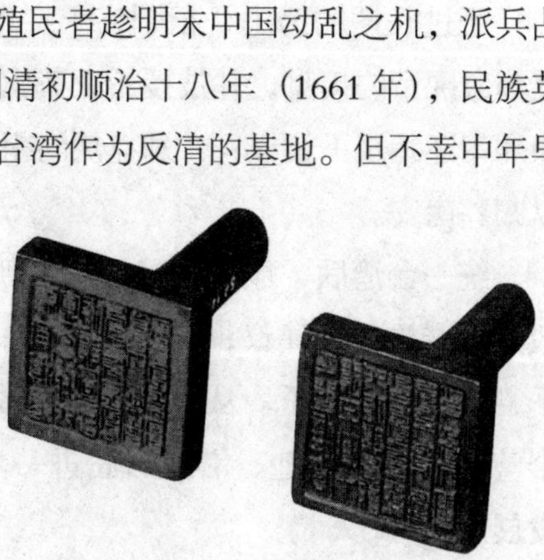

面又坚持不登岸，不剃发，实际上是想把台湾从祖国分裂出去。康熙帝断然拒绝了郑氏集团分裂国家的要求。他认为，郑经是中国人，既然称臣，就必须接受调遣。由于在这样重大的原则问题上达不成协议，再加上三藩之乱的干扰，统一台湾的问题便拖了很长的时间。

康熙二十年（1681年），福建总督姚启圣向康熙帝上书，报告郑经已死和台湾内乱的情况，认为“时不可失”，应立即派兵统一，并推荐从前从郑氏方面归降过来的施琅作为进军台湾的统帅，康熙立即批准了这个建议。任命施琅为水师提督，伺机进取澎湖、台湾。康熙二十二年（1683年）六月，施琅率军在澎湖海战中击溃了郑氏集团的主力，七月在台湾登陆。这时，台湾的当政者是郑克塽。有人教唆他赶快逃往南洋，建立流亡政府，也有人劝他认清形势，向清朝投降。就在郑克塽举棋不定的时候，康熙帝指示前线的施琅，要他力争和平解决，并转告郑克塽等人:“从前抗违之罪，尽行赦免。”而且保证他们归降后给予从优待遇。由于康熙英明及时的决策和施琅等人的认真贯彻，郑克塽及许多在台官吏放弃了逃亡国外的打算，从而使台湾最终以和平方式得到统一。康熙二十二年（1683年）八月，清军进入台湾。八月十五日（即中秋节）的晚上，统一台湾的喜讯传到北京，29岁的康熙帝无比兴奋。他多年统一国家的愿望终于实现了。

经过长期的努力，祖国终于实现了九壤的大一统局面。郑克塽到北京后，受到康熙帝的接见，并被授予正黄旗汉军公，其亲属、部下也分别被授予官爵。康熙帝还特别下诏说：“郑克塽的祖父郑成功，父亲郑经不是‘乱臣贼子’，可以归葬南安。”

统一台湾后，康熙帝又否决了朝廷内某些人放弃台湾主权的荒谬主张，他毅然批准施琅的建议，在台湾设立一府三县，隶属于福建省，并在台湾驻军八千，澎湖驻兵两千。从此，台湾在政治上、军事上、行政上与大陆重新成为一个整体，由于内地、沿海居民进一步移居台湾，台湾的经济也得到进一步的发展。

（三）平定准噶尔

清初，西北方居住的蒙古族分为漠南蒙古、漠北喀尔喀蒙古和漠西厄鲁特蒙古三大部。漠北喀尔喀蒙古内部又分为扎萨克图、土谢图、车臣等三部。漠西厄鲁特蒙古内部又分为准噶尔、和硕特、杜尔伯特、土尔扈特四部。清军入关之前，漠南蒙古就已归附清朝，喀尔喀蒙古和漠西厄鲁特蒙古各部，也与清政府关系密切。

在我国的漠西厄鲁特蒙古族中，有一支游牧在巴尔喀什湖以东、天山以北和伊犁河流域的强悍部落，这就是准噶尔部。准噶尔部世代受中国政府的管辖，从 17 世纪中叶以后逐渐强盛起来。康熙十年（1671 年），噶尔丹杀死其兄僧格，夺取了准噶尔部的统治权。噶尔丹是一个雄心勃勃、掠夺成性的人物，他上台后频繁地对临近各部发动了掠夺性战争。他不仅统治了漠西厄鲁特四部，而且占领了天山南麓各回城，势力达到青海、西藏地区。为了实现割据一方的野心，噶尔丹与正在对外扩张的沙俄勾结起来，于康熙二十七年（1688 年）春，噶尔丹对喀尔喀蒙古发动了突然进攻，逼得喀尔喀蒙古人民向南迁逃。在清政府的帮助下，噶尔丹暂时退兵。

康熙帝曾致书噶尔丹，要求他“罢兵息战”，不要对四邻各部落肆行侵掠。噶尔丹虽然表面上臣服，但实际上却步步向东南进逼，甚至把他的军队推进到距北京只有几百里的地方。康熙二十九年（1690 年）六月，康熙帝决定御驾亲征。八月间，左翼军同噶尔丹军队在乌兰不通（在今辽宁境内）发生了一场激烈的遭遇战，一举击溃噶尔丹的驼军，噶尔丹狼狈逃窜。康熙三十一年（1692 年）噶尔丹派人到北京，向康熙帝“请安进贡”，表面上虽“词调恭顺”，实际上是想麻痹康熙。康熙一眼就看穿了噶尔丹的阴谋，他指出：“噶尔丹不可信任，如果不加防备，万一有事就要后悔。”当时，西藏的第巴桑结与噶尔丹狼狈为奸，要求康熙帝撤回各地戍兵。康熙说：“这是噶尔丹的阴谋。”所以，他决定：不

但不能撤兵，还要加强防备。果然康熙三十四年（1695年），噶尔丹又率三万人马沿克鲁伦河大举南犯，并扬言他背后有沙俄撑腰，已经从俄国借了六万鸟枪兵。康熙三十五年（1696年）春天，康熙帝力排众议，决定第二次亲征。他指出，上一次亲征，因裕亲王中了西藏喇嘛济隆的缓兵之计，致使噶尔丹从乌兰不通逃走。又加上当时自己生病，未能彻底歼灭噶尔丹，至今犹以为憾，这一次亲征，一定要彻底根除噶尔丹的势力，以绝后患。他命将军萨布素率兵出东路迎头截击、命大将军伯费扬古率兵出宁夏为西路，断绝噶尔丹的退路，自己则亲率劲旅为中路，三路军约期夹攻噶尔丹，欲将其彻底歼灭。

康熙帝亲率的大军，在克鲁伦河附近同噶尔丹的军队相对扎营。但是两军的距离甚近，噶尔丹望见康熙的御营和清军的威武阵容，不禁为之胆寒，立即下令拔营逃走。康熙亲自率兵追击到拖诺山。当噶尔丹逃到昭莫多（今在乌兰巴托以东）时，又同清军的西路大军相遇。在两军激战中，噶尔丹的军队几乎全军覆没，他仅率少数人死里逃生，这股叛乱势力并未根绝。所以，康熙帝一面分化受噶尔丹控制的回部、青海和哈萨克诸部，警告与噶尔丹狼狈为奸的西藏第巴桑结，一面限期噶尔丹到北京投降。由于噶尔丹拒绝投降，康熙三十六年（1697年），康熙帝又进行了第三次亲征。当时，康熙帝在各部族中的分化瓦解工作取得了很大的成功，因此噶尔丹四面楚歌，困难到“居无庐（帐幕），出无骑（马），食无粮”的地步。噶尔丹的儿子到哈密逼粮，也被当地维吾尔族人擒送清营。原先追随噶尔丹叛乱的亲信们，也摄于清军的威力，望风投降。最后，噶尔丹在走投无路、众叛亲离的困境中服毒自杀。至此，康熙平定噶尔丹的斗争宣告结束。

康熙五十六年（1717年），噶尔丹的侄子策妄阿拉布坦在沙俄煽动下，继两年前进攻哈密之后，又驱兵攻入拉萨，并到处毁坏，抢掠人口。康熙五十七年（1718年）康熙皇帝命皇十四子胤禵为抚远大将军进驻西宁，指挥清军入藏平叛。当时有些朝臣希图苟安，看不到平叛的必要性，说：“西藏路途遥远险恶，且有瘴气，不能顺利进军。”康熙帝不同意这种看法，他反驳说：“策妄阿拉布坦的军队忍饥挨饿，步行一年有余，尚能到达西藏，我们的平叛大军怎么反而不能到达?”事实证明康熙帝的决定是正确的。但清军进入西藏时，西藏的大小头人、各寺庙的喇嘛都争先恐后地出来迎接。清军迅速驱逐了叛军，取得了胜利。康熙死后，又经过雍正、乾隆两代人的努力，终于最后平定了准噶尔上层分子的叛乱。

康熙在武力平定叛乱的同时，还用各种手段，对蒙古王公用封爵、联姻、阻止打猎等方法加以团结，在承德按照各民族的特点建筑了一批庙宇，以表示他对各民族风俗信仰的尊重，并以此来表明，清朝是一个多民族的国家。他的这些做法，对维护国家统一起了积极的作用。

三、北击沙俄

(一) 雅克萨之战

在康熙皇帝的一生中，抗击沙俄的武装侵略，保卫祖国北方的领土，占有十分重要的地位。

贝加尔湖以东和黑龙江流域，自古以来就是中国的领土。在唐、宋、元、明一千余年的历史中，我国历朝的中央或地方政府，均在黑龙江两岸设有管理机构。清取代明以后，不仅完全接替了明朝在这些地区的统治权，而且使当地同中央的关系更加密切。但是，自 17 世纪以后，沙俄利用我国明朝在东北势力的衰落和清朝入关南下之机，加紧对黑龙江流域的侵略。沙俄先后派遣波雅科夫、哈巴罗夫、斯捷潘诺夫等率兵侵入我国领土。他们到处烧杀抢掠，无恶不作。为了吞并我国领土，他们在被占领的土地上修建城堡，甚至还狂妄地叫嚣要清朝向沙皇进贡！顺治十五至十七年（1658—1660），清朝军队经过两次激战，击毙了斯捷潘诺夫，而且把其残部驱逐出黑龙江中下游。

康熙即位后，沙俄又以被其占领的尼布楚为据点向东扩张，重新占据雅克萨城，并向南占领楚库柏兴（即色楞格，属于中国喀尔喀蒙古），从而在贝加尔湖以东和黑龙江地区制造了新的紧张局势。

康熙帝从 13 岁起，就注意到了沙俄对我国的侵略。康熙十年（1671 年），18 岁的康熙进行了第一次东巡，前往东北地区“周览形胜”，并召见宁古塔将军巴海，了解当地情况，嘱咐他加紧操练兵马，做好边疆的保卫工作。当时，康熙已经准备开展一场驱逐沙俄的斗争。不料，康熙十二年（1673 年），爆发了吴三桂等人的“三藩之乱”，康熙的抗俄计划被迫暂缓执行。在平定三藩叛乱过程中，康熙曾希望通过外交途径解决沙俄的入侵问题。但沙俄非但置之不理，而且变本加厉地扩张其侵略，在精奇里江一带修筑结雅斯克堡和德隆斯克堡，在额尔古纳河东岸修筑额尔古纳堡。康熙二十年（1681年），三藩之乱平定后，康熙立即把抗击沙俄的布置提上了日程。康熙二十一年（1682年）四月，他借到盛京祭陵之机，再一次到东北边疆视察；回到北京后，又在同年九月派副都统郎坦、公春率人以捕鹿为名，到达斡尔、索伦等地观察形势，侦察敌情。在听取了郎坦等人的报告后，他下令修筑黑龙江呼玛城堡，调动军队，修造战船，储备粮食，开辟从乌喇（在今吉林）到瑷珲的驿路，组织了辽河、松花江、黑龙江的水路运输，为进行一场自卫反击战做好了充分准备。

康熙二十四年（1685年）六月，清军水陆两军包围了俄军盘踞的雅克萨城，对负隅顽抗的侵略者展开了猛烈的进攻。俄军头目托尔布津被迫投降。清军平毁了雅克萨城，将被俘的俄军遣送出境。但是，由于清军忽略了在雅克萨驻军，又没有割除附近的庄稼，因此托尔布津等人又率兵卷土重来，在雅克萨的废墟上重新建造了更为坚固的城堡。这样，康熙二十五年（1686年）双方又进行了第二次雅克萨之战。在清军猛烈的炮火中，托尔布津重伤致死。到后来，八百名俄军死伤、病亡几乎殆尽，只剩下一百多人。雅克萨城堡的攻克，已经指日可待了。就在这关键的时刻，康熙帝的停战命令到了前线，说俄国派出的全权代表已经在途中，双方将在谈判中定议边界。

（二）签订《尼布楚条约》

中俄两国在雅克萨地区发生军事冲突后，于康熙二十八年（1689年）八月二十七日，俄罗斯全权代表陆军大将戈洛文和清王朝全权代表领侍卫内大臣索额图、国舅佟国纲在尼布楚（现俄罗斯涅尔琴斯克）签订的边界条约，内容为：从黑龙江支流格尔必齐河到外兴安岭直到海，岭南属于中国，岭北属于俄罗斯。西以额尔古纳河为界，南属中国，北属俄国，额尔古纳河南岸之黑里勒克河口诸房舍，应悉迁移于北岸；雅克萨地方属于中国，拆毁雅克萨城，俄人迁回俄境。两国猎户人等不得擅自越境，否则捕拿问罪。十数人以上集体越境须报闻两国皇帝，依罪处以死刑；此约定以前所有一切事情，永作罢论。自两国永好已定之日起，事后有逃

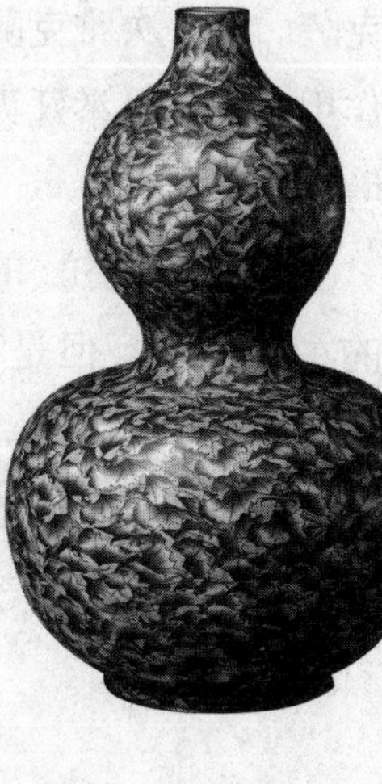

亡者，各不收纳，并应械系遣还；双方在对方国家的侨民“悉听如旧”；两国人带有往来文票（护照）的，允许其边境贸易；和好已定，两国永敦睦谊，自来边境一切争执永予废除，倘各严守约章，争端无自而起。

条约有满文、俄文、拉丁文三种文本，以拉丁文为准，并勒石立碑。碑文用满、汉、俄、蒙、拉丁五种文字刻成。根据此条约，俄国失去了黑龙江流域，但与大清帝国建立了贸易关系。此条约以外兴安岭和额尔古纳河为界划分俄国和中国，但没有确定兴安岭和乌第河之间地区的归属。1693年，俄国派使节赴北京觐见要求通商，由于其使节行三拜九叩礼，康熙皇帝非常高兴，特准俄国在北京建“俄馆”，每三年可以派二百人商队入京逗留八十天，其他国家不得享受此待遇。

总的来说，康熙帝在反侵略战争中取得了重大的胜利。他的英明表现在：不轻易用兵，而是先作好调查研究，作好军事的、物质的准备；不穷兵黩武，在取得反侵略战争的胜利后及时恢复和平，从不关闭谈判的大门；在战争中，他认为将军萨布素未能毁掉雅克萨附近的田禾是一大错误，因为这正是侵略者得以卷土重来的物质条件；当议政王大臣会议下令直隶、山东、山西、河南各省派火器兵支援进攻雅克萨时，康熙指出：这些兵未曾经历过战阵，况且黑龙江火器甚多，应该派福建投诚、善用藤牌的官兵，由台湾投降的武将率领开赴雅克萨。第一次雅克萨之战的事实证明，这些久历战阵的藤牌兵确实起了不小的作用，他们一举歼灭了从黑龙江顺流而下，企图冲入雅克萨城内的俄国哥萨克增援兵。

《尼布楚条约》的签订，缓和了中俄两国之间的紧张局势，暂时制止了沙俄的军事侵略。但是，康熙帝并没有因《尼布楚条约》而放松警惕。他说：“今虽与俄罗斯和好，边界已定，但各省驻军仍照从前规定办理。”他决定继续在墨尔根等地驻军设防，并在外兴安岭、额尔古纳河、格尔必齐河等边界设立卡伦，派军队寻防驻守，以防备沙俄势力的侵扰。

四、勤于政事

可以说在帝王当中，康熙是最勤奋好学的一个，可能是他在幼年时的不幸，激励着他努力学习。首先是“勤”。

康熙 14 岁的时候开始亲政，当时亲政叫“御门听政”。御门听政就是皇帝亲自主持朝廷会议，议商和决定军国大事。御门听政在乾清门前，参加御门听政的主要是：九卿、六部（礼、吏、户、兵、刑、工）的尚书、左都御使、通政使、大理寺卿，还有大学士等。每天早上辰时开始与大臣们讨论奏报，商议一些军国大事，无论寒暑无一例外。北京的冬天是很冷的，就在乾清门前，举行最高朝廷会议，这实在是很不容易。而且清朝的皇帝御门听政从康熙到光绪一直坚持下来。

康熙勤政的第二个方面就是“慎”，康熙这个人在处理军国大事的时候非常的谨慎，可以说慎之又慎，不是脑门一热就这么办了。下面举治河的例子来说明。

康熙早年在他宫廷的柱子上写了三藩、河务、漕运三件大事。康熙亲自派侍卫逆黄河而上一直到黄河源头星宿海往返行程两万里，绘制了黄河全图，这是中国历史上第一次经过实际踏勘绘制成的黄河图，把黄河的来龙去脉搞清楚了，任用贤能的官员来治河。他任用了两个重要官员，一个叫靳辅，一个叫陈潢。他任用靳辅做河道总督，靳辅每天给康熙上八个奏章，陈述自己对治河的意见。关于治河当时发生了意见分歧，主要有两个问题：第一个问题是治理了黄河以后就多出了一些土地，靳辅的意见就是把这些土地屯田，用收入的钱再继续治河。第二，黄河的河口部分水流入海不畅，靳辅的意见是把河堤加高，

让河水冲沙。于成龙不同意他的意见，认为把黄河入海的那部分挖浚挖深，沙子就流下去了。靳辅说那样的话就会海水倒灌。于成龙则认为河堤高的话，房子在河堤底下，河堤一泛滥后果不堪设想。康熙让他们两个人进行御前辩论，二人各抒己见，

互相驳难，都各说各的道理。康熙还是不能决定，他没有支持一方，反对一方，而是集思广益。下令在京的大臣，凡是家乡在黄河沿岸地方的，每人要写一个奏折，说说自己的看法。康熙看了各个方面的意见后才支持于成龙的意见，免去了靳辅河道总督的职位。

康熙是清朝历史上在位时间最长的皇帝。他文武双全，既精通传统文化，又涉猎西方科学；既能上马左右开弓，御驾亲征击退噶尔丹，又能治国安邦善于管理。他运筹帷幄，决胜千里，坐镇北京取得了对三藩、沙俄战争的胜利，收复台湾，显示了康熙卓越的军事指挥才能。另一方面，康熙有着过人的政治眼光和手腕。康熙创立“多伦会盟”取代战争，联络蒙古各部；以条约确保了国家在黑龙江的领土不被侵犯；康熙还特别重视教育，并开创了持续一百多年的“康乾盛世”。

五、政治统一，完善制度

（一）加强皇权

在政治上，康熙进一步加强了皇权。他表示“天下大权当统于一”（《清圣祖实录》卷二百五十七，康熙五十六年十一月辛未），“天下大小事务，皆朕一身亲理，无可旁贷。若将要务分任于人，则断不可行”（《清圣祖实录》卷二百八十四，康熙五十八年四月辛亥）。为此，他一方面通过各种手段，采取强有力的措施，限制满洲贵族的权力，如剥夺各旗王公干预旗务的权力，破除“军功勋旧诸王”统兵征伐的传统，削弱议政王大臣会议的政治影响等。另一方面，康熙将用人之权、奖惩之权亲自控制，不许大臣干预；并设立密奏制度，以广泛体察下情。这种统治方式被雍正、乾隆二帝继承和发展，并为清朝其他皇帝所沿用。

（二）完善清朝官僚政治制度

康熙帝在加强皇权的同时，也着手完善清朝官僚政治制度。有两个现象值得特别注意：一是康熙九年八月将内三院改为内阁，从此内阁作为清朝法定中央政府、作为官僚政治的重要象征，其地位稳定下来并一直存在到清末；二是康熙二十三年开始纂修《大清会典》。这是清代第一部重要的政典。《大清会典》于康熙二十九年完成，共 162 卷。从此，清朝官僚政治的运行基本做到了有法可依，有章可循，初步实现了政治运作的规范化。

（三）发展生产

康熙帝在位时期，经济发展，百姓富足。康熙认为“家给人足，而后世济”，在继续采取轻徭薄赋，与民休息的政策的同时，又采取

了一系列措施，体现了他仁爱的一面。其一，废止“圈田令”，即废止大清贵族圈近京州县田地的特权，将土地让与百姓耕种；康熙在诏书上说：“自后圈占民间房地，永行停止，其今年所已圈者，悉令给还民间。”其二，延长垦荒的免税时间。清初规定垦荒三年内免税，以后改为六年；康熙十二年重申新垦荒田十年后征税。这一政策刺激了农民垦荒的积极性，使耕地面积迅速增加。其三，实行更名地政策。对于农民耕种的原先属于明朝宗室的土地，康熙下诏农民可以不必支付田价，照常耕种。“原种之人，令其耕种”，永为世业，号为“更名田”。这些农民成为自耕农。这一政策将直隶、山东、山西、湖广、陕西、甘肃等地废藩田改为民地，自耕农大量出现。其四，改革赋役制度。顺治三年（1646 年），清廷以明万历时旧籍为准，着手编纂《赋役全书》，到顺治十四年（1657 年）完成。康熙二十四年（1685 年）至康熙二十六年（1687 年），删除全书上的田赋尾数，重新编成《简明赋役全书》。为了防止地方官吏的私征滥派和保证国家的赋税收入，在催征办法上也不断改变，如从发给花户“由单”到“串票”（二、三、四联等串票），再到“滚单”等。

此外，康熙帝还注意改良粮食作物的品种。康熙帝下令在江南推广可以连作两季的品种，他还派了有经验技术的农民李英贵前去指导，他自己也随时下达具体指示。从康熙五十四年（1715 年）到康熙六十一年（1722 年），在苏州、江宁等地连续试种了八年，直到他死为止。这种“御稻米”第一季的成熟时间平均不到 100 天，最短的只有 70 天左右，因此收割后可以连种第二季。而当时苏州本地的稻子的成熟期，需要一百四五十天。显然，康熙帝推广的新品种有它的优越性。如果当地的稻田改种御稻米，由于一年可以连种两次，估计每亩可以增加产量五成左右。苏州、江宁试种不久，江西、浙江、安徽的官吏和两淮商人也申请试种，康熙帝一律批准。当然，在封建时代，由于官府、地主对农民的残酷压榨，农民对种植紧张费力的连作双季稻是缺乏积极性的。况且他们也无法解决由于消耗地力过多而必须补偿的肥料问题。康熙帝的本意是培养一个新品种，让更多的人能吃到粮食。但那时的官僚们，却把“御稻米”限制在上层人物中享用。

除了培育新品种外，康熙还大力推行垦荒的政策。他主张大面积地开垦北方的处女地。他曾告诉臣下说：“边外地广人稀，自古以来无人开垦。我数年前避暑塞外，下令开垦种植，有的禾苗高达七八尺，穗长一尺五。”有的官吏听了不信，康熙帝就命人取来了几株，证明塞外荒地经过开垦，也可以长出很好的庄稼。由于他的提倡，原来荒凉的山区也出现了大村落。

为了农业的需要，康熙帝还努力研究气象，他下令各地每天记录当地的阴晴风雨，由主要负责人按时上报，并作为一种制度固定下来。至今，故宫内还保存着大批清代的《晴雨录》。这是一批很宝贵的气象史料。为了同样的需要，康熙还研究蝗虫，调查灭蝗的方法，并亲自指导一些地区的灭蝗工作。

（四）兴修水利，治理江河

明末清初，由于政局动乱与战争的破坏，黄河、淮河、运河、永定河等许多河流因年久失修而连年泛滥。这不但关系到千百万人民的生命财产安全，也威胁着封建王朝的长治久安。康熙帝从 14 岁起，“反复详考”历代治河的得失；亲征后，更把“河务”与“三藩”“漕运”作为三件大事写在宫廷的柱子上，以便每天看到，想到这些重大的问题。

康熙帝治河，比以往的治河有很大的进步。首先，他治河的战略思想是积极的。他主张不但要减少水患，还要进一步变水害为水利。他说：“古人治黄河，唯在去其害而止；今则不但要去其害，还要利用黄河来运漕粮，把河水变成运输的渠道。”其次，他主张把原先绘在纸上的平面图，改为立体的地形图，因为纸上的图很难分辨地势高低。第三，他认为治河者必须亲临现场，没有亲历过河工，就无法了解河势之汹涌、堤岸之远近高下，当然也就提不出好的治河方案。为了指导治河，他六次巡阅河工，并亲乘小舟，冒着风险进行勘察，亲自测量水位。因此，他不但对那些重大水患地区的情况了如指掌，而且能提出有实际意义的指导方案，能推测出曾经发生的问题并预见将来可能出现的问题。例如，他预言说：高家堰堵塞六坝之后，泗州等地必被水淹。到康熙四十五年（1706 年），六坝刚刚闭塞，立刻引起洪泽湖水大涨，泗州等地果然发生

水灾。

康熙帝研究了历代治河的经验，他指出：“深浚河身，让河水直行刷沙是治河上策。”因此，他主张裁弯取直，束水刷沙。他认为，明朝治黄河多在徐州以上，本朝俱在徐州以下，应该注意中上游，吸取明代行之有效的经验。他还认为，明朝时山东微山湖一带，将水蓄积在山中，涝则蓄水为库，旱则泄水灌溉的做法，深得其宜。

康熙帝在治理黄河、淮河、运河等诸河之外，还特别注意治理经常改道泛滥的浑河（即永定河）。因为浑河关系到京师（北京）的安全问题。康熙三十七年（1698年），浑河工程竣工，他亲自改名为“永定河”。应该指出的是，他治理永定河不仅仅是为了北京，他还有一个更富有战略的思想：永定河是一条小黄河。他是想把治理永定河的经验推广到治理黄河工程中去。所以，当永定河工程用的方法成功之后，他便指示在治理黄河的工程中推广，效果良好。康熙还鉴于永定河筑石堤取得成功，曾提出把这种做法推广到治理黄河工程中去，主张由徐州至清口皆修石堤。后因主持工程的大臣反对，加之财政开支太大而未能实行。

由于康熙帝积极治理河道，在他当政的60余年中取得了很大的成绩，并为以后雍正、乾隆两代的水利兴修打下了良好的基础。

（五）兴修园林

康熙帝在位期间，修建了畅春园、承德避暑山庄、热河木兰围场，他的孙子乾隆帝又继续兴修三山五园。三山包括：香山、玉泉山、万寿山。五园包括：畅春园、圆明园、静明园、静宜园、清漪园也就是颐和园。这样就把中国古典园林的艺术，推到了一个最高峰，清朝园林的兴修是中华民族的一份宝贵的遗产。

承德避暑山庄这座比北京的颐和园大一倍的皇家园林，绝不只是一般意义上的休息场所，它与木兰围场一样是康熙政治大棋盘上的一颗至关重要的棋子。这些按照蒙古西藏等民族风格修建的宫殿庙宇，它更重要的意义在于让蒙藏等各种上层人物进入山庄能有一种宾至如归的感觉。六世班禅为乾隆祝寿就住在这里。蒙古王爷们朝见皇帝住在这里，皇帝接见外国史臣也在这里。卷帙浩繁的《四库全书》存放在这里，嘉庆和咸丰两位皇帝先后死在这里，它见证了清王朝所经历的风风雨雨。

（六）编纂典籍

康熙重视文化教育。亲自主持编纂了许多重要的典籍，譬如说《康熙字典》《历象考成》《数理精蕴》《康熙永年历法》《佩文韵府》《康熙皇舆全览图》《古今图书集成》等。康熙主持编纂的典籍有60多种，大约有两万卷，是中华民族文化中的重要精神财富。康熙朝使清帝国屹立于世界东方。当时俄国有彼得大帝，法国有路易十四，康熙与他们比功绩更为显赫。康熙时候人口最多，经济最富裕，文化最繁荣，疆域最开阔，国力最为强盛。康熙时候清朝的疆域，东起大海，西到葱岭，南至曾母暗沙，北跨外兴安岭，西北到巴尔喀什湖，东北到库页岛。他曾多次举办博学鸿儒科，创建了南书房制度，并亲临曲阜拜谒孔庙。康熙帝还褒封道教白云观方丈王常月，并依于门下。

六、热爱科学

康熙帝之所以是一个传奇式的人物，不但因为他在少年时代计擒过权臣鳌拜，青年时代平定了三藩之乱、收复台湾，壮年时代平定了噶尔丹叛乱、抗击了沙俄的侵略，而且还由于他热爱科学、学习科学乃至在科学史上做出了一定的贡献。

（一）数学方面

少年时代所经历的那场关于天文历法的争论，在康熙帝的心灵深处留下了永不消失的痕迹。他目睹了那些在科学面前畏缩不前的大臣的昏聩，也痛恨自己对科学的无知。他在杨光先与南怀仁的科学斗争中认识到，数学是这两个人胜败的关键之一。因此，康熙帝对数学狠下了一番工夫。他后来对人谈起他自己如何发奋学习数学的情况说：“你们只知道我算术不错，却不知道我为什么要学算术。我少年时，钦天监汉官与西洋人不睦，互相攻击，死了不少人。杨光先、汤若望在午门外，当着九卿大臣的面测量日影。无奈九卿中没有一个人懂得这种方法。我当时想，自己不懂，怎么能够判断别人是对还是不对呢？所以我发奋学习数学。”

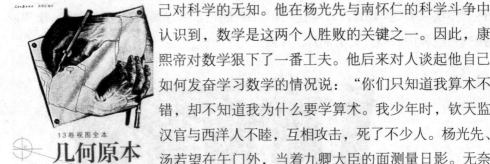

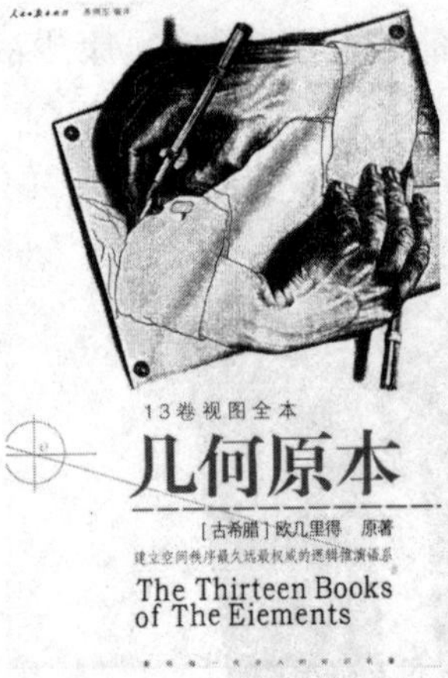

他的确是这样开始学习科学的。他先是同比利时传教士南怀仁学习几何。康熙二十七年（1688年）南怀仁去世，他又同来到北京的法国传教士张诚、白晋等人学习。为了学好课程，他为传教士准备了良好的生活条件，还叫他们到内务府学习满语、汉语。他自己则努力学习拉丁文，为的是能正确听懂或者看懂数学讲义。他学习过欧几里得的《几何原本》和巴蒂斯的《实用和理论几何学》的满文译本。他每学一个定律，不但务求必懂，而且都尽可能联系实际。

康熙帝不但向外国人学习数学，他还努力培养和团结一批中国自己的数学家。他团结了当时颇负盛名的大数学家梅文鼎，后来又把梅氏的孙子梅瑴成调到北京，让他专门从事科学研究与编纂工作。此外，如泰州人陈厚耀、大兴人何国宗以及蒙古族的明安图等数学家，也曾授教于康熙帝。

康熙晚年在北京畅春园设立了“算学馆”。在他的倡导主持下，梅瑴成等人用了十年时间，编成了集当时乐律、天文和数学之大成的巨著——《律历渊源》。此书之第二部取名为《数理精蕴》，它不但收录了中国历代数学的精华，同时也囊括了明末以来传入我国的西洋数学，是一部很有价值的数学丛书。

（二）医学方面

康熙帝自幼对医学就感兴趣。后来，他在向西方学习的过程中，又接触了西方医学。他 40 岁的时候得过一次疟疾，经过御医多方治疗也未见效果。这时，在宫廷工作的法国传教士洪若翰、刘应进献了一种特效药——金鸡纳。康熙帝服用了金鸡纳之后效果很好，不久就恢复了健康。为了酬谢传教士，他特赐在西安门内建立一座大教堂，这就是日后西安门内北堂的来历。

康熙帝病愈后，便不时推广金鸡纳。他每逢出巡时，总是随身带上些金鸡纳，赐给一些封疆大吏们。康熙五十一年（1712 年）夏天，曹雪芹的祖父曹寅得了疟疾。曹寅托亲戚向康熙帝讨要金鸡纳。康熙帝得知后，立即从北京用驿马昼夜星驰把药送往江宁（今南京），并御批：“疟疾若未转泄痢，还无妨。若转了病，此药用不得。金鸡纳专治疟疾，用二钱末，酒调服。若轻了些再吃一服，若不是疟疾，此药用不得，需要认真。万嘱！万嘱！万嘱！万嘱！”可惜药还没有送到，曹寅就一命归天了。

康熙帝除了推广金鸡纳之外，还不时为臣下看病开方。有一次，直隶总督看文件时忽然半身瘫痪，请求康熙帝派人到保定给他治病。康熙帝派人去了，但只是说：“类风之病，补药无益而有大损，十分留心！”后来他又向康熙帝讨要“御制药酒”。康熙帝怕药酒容易坏，便动了一番脑筋，特赐西药药饼，叫他用的时候泡在酒里，还告诉他饮酒的用量。直隶总

督服酒之后，向康熙帝报告说："初服之日即觉得热气上至左膀，下至左腿。颇为见效。"

康熙帝在医学上的一个重要的贡献，就是他以皇帝的权威下令推广种痘法。明末清初，天花传染病流行，夺去了无数人的生命，也使许多人脸上留下了永不消失的疤痕。康熙帝就是天花的受害者之一。那时候，世界上还没有防治天花的好办法。只有我国在世界上首先创造了一种预防天花的种痘法。这种方法，就是把患者的痘痂研成细末，用湿棉花蘸上这种"痘苗"塞在健康人的鼻孔里（或将痂末吹入人的鼻内），使接种者发生一次轻微的感染，从而获得对天花的免疫力。这种方法虽然历史悠久，却未能广泛推行。康熙帝知道这种方法后，便首先在自己的孩子和一些亲贵子女中推行，后来又在蒙古等少数民族中推行。开始，有些老年人少见多怪，表示怀疑。但康熙帝以皇帝的至高无上的权力坚意推行，终于取得了很好的效果。

（三）地理学方面

康熙帝学了数学与天文，因而对地理学的重要性有了更加深刻的认识。他学会了使用测量仪器，每行到一处，就要测量那里的地势，调查当地的地貌、地质、水文、土壤等等。他不但测量该地距京师的里程，还要测量那里的纬度，并把这些情况记录下来，收入他撰写的文章、上谕中。例如，他在亲征噶尔丹的行军途中，就详细调查过所经过之处的风物、地理情况，把记录下来的材料寄给在北京的皇太子。康熙三十五年（1696年）四月二十一日，他在给皇太子的信中叙述了行军中的饮水问题，他说："自出喀伦未见寸土，其沙亦坚硬，履之不陷，营中军士凿井。可凿井的地方也很易认识。蒙古语叫'善达'之处，地洼而润，掘未二尺即可出水；叫'塞尔'的地方，山涧沟径，掘仅尺余即可及泉；有称'布里杜'者，是一种丛草间积留的潦水，水质不佳；叫'窥布尔'的，水流地中，以手探之泉即随出，故野驴以蹄踏之而饮。"可见，康熙帝对所经过的地方是做过详细调查的。

他在沙漠中行军，往往发现有贝壳。这种东西引起了他很大的兴趣。他联想到当地蒙古族人关于洪水的传说，推测这里在洪荒时代很可能是一片泽国。这和近代学者的某些科学推论是很接近的。

康熙帝在世时，还费了几十年的心血，开展了一场史无前例的伟大工程：在辽阔的中国疆土上进行实测、绘制地图。这项工作是由外国传教士与中国工作人员共同完成的。这次测绘工作进行了多年，采用了当时比较先进的大地测量术和用经纬度绘图的方法。到康熙五十五年（1716年），除今新疆少数地区外，已对大多数省区进行了测绘。这次测绘的结果，便是一部《康熙皇舆全览图》。它是中国历史上第一部完全实测，且比较精确的地图集，也是世界上地理测量史上的伟大成果之一。康熙曾对大臣蒋廷锡说："此图是朕费三十余年心力才完成的，山脉水道合乎《禹贡》。你可以将此图和各省分图让九卿们细阅，倘有不对之处，可以面奏。"可见康熙帝很以《康熙皇舆全览图》为自豪，但他又不拒绝别人的建议。

七、传位争议

康熙皇帝不仅是一位明君，更是一位严父。康熙帝的子女，在清帝中算是最多的，共有35子、20女。有学者统计，康熙的皇孙共97人。康熙对子孙的教育特别认真，也特别严格。康熙也像平民百姓一样，严格教子，望子成龙。康熙对子孙的教育，通过多种方式进行。包括言传、身教，让子孙参加祭祀、打猎、巡幸、出征等，上学是康熙教育子孙的基本方式。

清朝皇子的教育在《养吉斋丛录》中有记载："我朝家法，皇子、皇孙六岁，即就外傅读书。"学习的时间，"寅刻至书房，先习满洲、蒙古文毕，然后

习汉书。师傅入直，率以卯刻。幼稚课简，午前即退直。迟退者，至未正二刻，或至申刻"。休假日，"唯元旦免入直，除夕及前一日巳刻，准散直"。一年之中，休假只有元旦一天和其前两个半天。相比之下，今日学生的假日可谓多矣。康熙确定了皇子皇孙的教育制度。康熙教育子孙，是他为君之道中的重要内容。清朝的皇帝没有暴君，没有昏君也没有怠君。康熙的继承者雍正、乾隆都很杰出。康熙的皇子中，没有不学无术的庸人，也没有胡作非为的纨绔。他们都有一定素养、一技之长。这些都同康熙重视皇子皇孙的教育有关。但康熙帝的儿子太多，在位时间又长。皇子们长大后为争夺皇位，互相攻击，最后导致残酷的宫廷斗争。

康熙十三年（1674年），康熙帝立皇后所生的一岁的皇次子胤礽为太子，但数十年后由于太子本身的素质问题及其在朝中结党而废太子。废太子后众皇子觊觎皇位，矛盾更加尖锐，故太子废而复立，但康熙仍无法容忍其结党，三年后再废太子。最终在康熙六十一年临终时传位于皇四子胤禛。传位给胤禛的理由众说纷纭，有人认为康熙是希望精明干练的胤禛能大力改革康熙末年的宽纵积弊，也有人认为康熙是因为钟爱胤禛之子弘历（未来的乾隆帝）而传位于他，还有传说是顾命大臣隆科多和胤禛矫篡遗诏，故有"传位十四皇子"窜改

为“传位于四皇子”之说，但按清宫秘档分析，遗诏是由满、汉、蒙三种语言并列写成，“传位十四皇子”改为“传位于四皇子”之说只符合汉字书写逻辑，却无法符合满文及蒙文书写逻辑。繁体汉字“十”和“于”大相径庭，此为误解。

八、历史评价

康熙帝是一个不平凡的人，是 18 世纪前后中国出现的一位伟大的封建君主。清圣祖康熙皇帝玄烨，就像他治理了 61 年的中国是个多民族国家一样，他本人就是满、蒙、汉三个民族的血缘与文化的杰作。他自幼失去父母，在奋斗中成长起来。他性格坚毅、勤奋好学，读书曾用功到咯血的程度。他没有享受过足够的父母之爱，也没有顺治热恋董鄂妃或是乾隆追求香妃那样的罗曼史。他把毕生的精力都用到治理国家上。但他能“治国”“平天下”却不能“齐家”。在那“家丑不可外扬”的时代，他的家丑却不胫而走。他立了一个品质恶劣的儿子胤礽作皇太子，胤礽不争气，以至于父子成仇，终于又被他废掉。诸皇子之间为争夺继承权而演出的结党营私、明争暗斗的丑剧，使他既气愤又伤心，因而身心蒙受了严重的创伤，只活了 69 岁就死了。

康熙帝在封建帝王中，是比较开明的人物。他在统一国家、捍卫主权、发展生产、提倡文化等方面都做出了重要的贡献。16 岁时，他以智慧和勇气设计铲除了专权跋扈的辅臣鳌拜，将皇权把握在自己手中。从此，他以超群的胆识和兼容并包的胸怀，开始治理被战争和鳌拜圈换土地的倒退政策破坏得伤痕累累的大地。

在康熙统治期间，解决了长达八年的吴三桂等三藩的分裂战争，收复了被郑经割据多年的台湾，驱逐了占据我国黑龙江地区的沙俄势力，签订《中俄尼布楚条约》，确定中俄东段边界；同时，又出征蒙藏，平定准噶尔部蒙古贵族分裂势力的动乱，建立会盟制度和避暑山庄外藩朝觐制等，加强了多民族国家的稳定。在经济和文化建设上，康熙也创下对后世产生积极影响的重大业绩，他重视农业生产，如治理黄淮河流，奖励垦荒，减免赋税，实行“滋生人丁，永不加赋”等鼓励经济发展的政策；他还曾下过开海令，但晚年又封锁海疆，禁止或限制中外贸易，扼杀本国的资本主义萌芽。编纂《明史》《全唐诗》等，但又以禁止淫词小说为名，扼杀了一些有悖封建礼教、有碍清朝统治的文化，并用文字狱打击有反清思想的士大夫，使之俯首就范。在所有的文化活动中，最有特色的是他本人对西方科技的学习，他是中国古代唯一懂得天文、数学、地理等自然科学的皇帝。康熙晚年两度废立皇太子，造成长达 20 余年的诸皇子为夺储位的结党争斗，致使吏治懈怠，朝中党派林立，官场腐败之风颇盛，直接影响到社会的安定。当然，这些是历史发展本身所造成的，康熙帝的一生得失，不过是这种历史发展在一个统治者身上的具体表现罢了。如果我们把他放在历代统治者的行列中来观察，他依然是一个出类拔萃的人物。

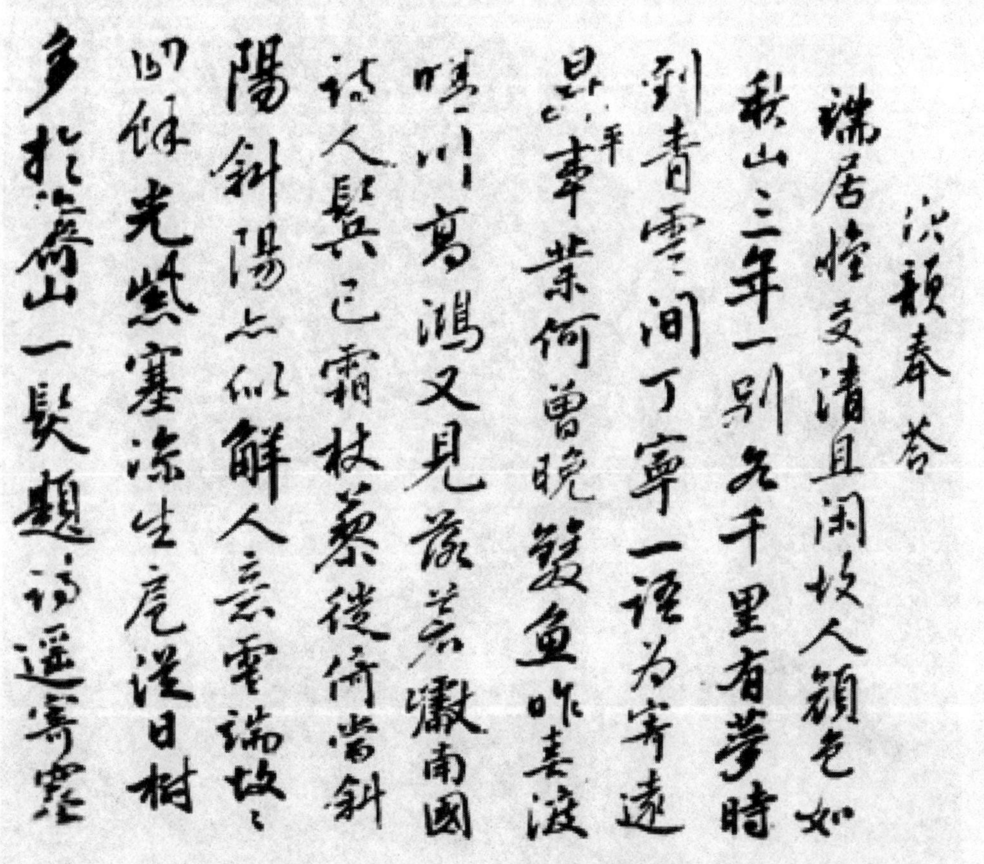

十全天子——乾隆

乾隆皇帝，名爱新觉罗·弘历，是清朝第六任皇帝，入关后的第四任皇帝。乾隆帝儒雅风流，精于骑射，一生著文吟诗，笔墨留于大江南北。乾隆即位后，以“宽猛相济”的理念施政，在文化、军事等方面大有作为，因此自称“文治武功十全老人”。乾隆帝六十年的统治期间，是中国封建社会政治、经济、文化诸方面经过漫长沉淀后的集大成的时代。康熙、雍正、乾隆三朝合成“康雍乾盛世”（或称“康乾盛世”）

一、皇位继承人

爱新觉罗·弘历，生于康熙五十年（1711年），雍正帝第四子，是清朝第六任皇帝，入关后的第四任皇帝。即位前被封为宝亲王，开始参与军国要务。雍正十三年（1735年），雍正帝临终前把皇位传与弘历，是为乾隆帝。乾隆帝儒雅风流，精于骑射，一生著文吟诗，笔墨留于大江南北，其诗作竟达四万二千余首，几与《全唐诗》相埒。乾隆三十八年（1773年）乾隆皇帝下令编纂《四库全书》，历时九年成书，是当时世界上最为庞大的百科全书。并且乾隆帝自认在军事上也很有成就，因此自称“文治武功十全老人”。

乾隆皇帝在位60年，此期间是中国封建社会政治、经济、文化诸方面经过漫长沉淀之后的集大成的时代。乾隆即位后，以“宽猛相济”的理念施政，先后平定新疆、蒙古，还使四川、贵州等地继续改土归流，人口不断增加，突破了三亿大关，约占当时世界人口的三分之一，统治期间与康熙、雍正三朝合称“康雍乾盛世”（或称“康乾盛世”）。

雍正13年（1735年）八月二十三日凌晨，雍正帝胤死于圆明园寝宫。他在位十三年，终年58岁。在他刚即皇帝位时，鉴于其父康熙帝玄烨预立太子和诸皇子争夺皇位继承权的弊端，于雍正元年（1723年）八月召集御前王公大臣等宣谕密建储位之法——他秘密地写好皇四子、宝亲王弘历为皇位继承人的诏书，将诏书封存在建储匣内，放置在宫中最高处、世祖皇帝御书的“正大光明”牌匾后面；又另写同样的密旨藏在内府，以为他日驾崩后核对。雍正帝死后，顾命重臣打开建储匣，与密藏于内府的遗命核对无误，于是，皇四子、宝亲王弘历即皇帝位，成为清朝入关后的第四代皇帝，改年号为乾隆元年。

弘历于康熙五十年（1711年）八月十三日出生于雍和宫东书院如意室。他的母亲钮钴禄氏是胤的侧福晋（庶妃），后册封为孝圣宪皇后。史籍记载：弘历少年时“天资凝重”，6 岁即能诵读宋人周敦颐的《爱莲说》。他的祖父康熙帝玄烨于雍亲王府牡丹台初见他时就非常喜爱，认为这孩子有福气。11 岁时被携回宫中抚养，康熙帝命自己的妃子提携看视，比其他诸皇孙更受恩宠。弘历年轻时曾受到几位叔父的教诲，“学射于贝勒胤禧，习火器于贝勒胤禄”。他曾跟随康熙帝玄烨到木兰围场打猎。一次，康熙帝玄烨用火枪把一头熊打倒在地，命弘历再用箭射死它，想让自己心爱的皇孙在王公大臣面前表现出非凡的勇敢和娴熟的武艺。弘历上马，此时，这头熊突然站立起来，企图反抗，弘历迅急发箭将熊击毙。猎罢归来，玄烨对诸妃嫔谈起此事，大家都对弘历临危不惧的表现惊叹不已。弘历在上书房读书时，受业于大学士张廷玉等人，师父教导他要懂得“君德修明，唯在躬行实践，不徒尚喋喋讲论之虚文”，因此他从小就比较明理豁达，注重务实。17 岁时居住在重华宫，将自己的书室命名“随安”，取“随遇而安”之义。雍正十一年（1733 年）二月，弘历受封为宝亲王，参与军国大事。

弘历自称“幼读诗书，颇谙治理”。他阅读《贞观政要》一书，十分赞赏唐太宗及其臣僚的“嘉言善行”。他即位时年方 25 岁，“春秋方富，年力正强，乃励精图治之始”，很想有一番作为。当时胤禛暴死，京师谣言迭起，他以免使“皇太后闻之心烦”为由，下令严禁宫内太监妄传国家政事：“凡外间闲话无故向内廷传说者，定行正法。”胤禛生前迷信鬼神，喜言祥瑞，也有传言他是祈求长生、服食丹药而死。弘历将其信奉的“炉火修炼”术士张太虚、王定乾等从西苑逐出，并告诫他们和曾在内廷行走的僧人，以后不许妄言胤禛生前行事；他还将胤禛生前命令赦免的曾静、张熙处死。与此同时，传旨各省提督、总兵等大员，有他不曾见过的，都要陆续进京。令出必行，使胤禛死后受到震动的政局立即稳定下来，显示出年轻的乾隆帝刚刚登上皇位时使臣下敬畏的魄力。

二、对内治理

(一) 整顿吏治

乾隆时期，天下太平日久，官员腐化日益加深，乾隆帝为了维持清王朝的鼎盛局面，不得不用很大的精力来选拔官吏，惩治贪污，澄清吏治。他从祖父康熙帝、父亲雍正帝的统治经验中得益不少，但是官场的贪风并未收敛，吏治废弛，日甚一日。

清朝的官吏来源主要有两个途径，一是科举考试，一是捐纳。康熙帝为了延揽学行兼优、文词卓越的人才，特别是作为对汉族知识分子的笼络，于正科之外，增加特科，如博学鸿词科、经学特科、孝廉方正科；历次南巡，还有特别召试。乾隆帝仿效其成例，于乾隆元年举行博学鸿词科，以后还有皇太后万寿恩科，南巡时也召试士子，赐给出身，使一批有才华的读书人以文获进。他比较重视从科学考试中选拔人才，曾经多次亲临贡院，巡视号舍，看到考场矮屋风檐，士子条件清苦，便命发给考生蜡烛木炭，准许入场时携带手炉以温笔砚，还关心考场的伙食。因为会试正值京师严寒，曾命延期三个月以待春暖。至于捐纳，乾隆朝规定可捐至道府、郎中，武官可捐至游击，贡、监生都可以用钱捐得。乾隆帝本人起初是不赞成捐纳制度的，但金川之役，为了解决军饷，出师之始就开买官捐纳之例。乾隆以后，随着清朝的衰落，捐纳制度日益泛滥，成为一大弊政。

乾隆帝自称“用人之权，从不旁落”，大臣的任命，都出于自己的裁夺。他召见大臣，往往随手记下观察得来的印象，作为日后用人的参考。他也要求臣僚荐贤举能，但对于滥举官员的，无论满汉大臣，都要受到严厉谴责或处分。乾隆三十一年（1766 年）上谕中规定，督抚考核官员，三年一次，京官称为

“京察”，外官称为“大计”，经过考核，将不称职的官吏分年老、有疾、浮躁、才力不及、疲软无力、不谨、贪、酷八种给予不同的处置。乾隆帝认为这是鉴别人才的大典，一定要认真执行。他连篇累牍地训斥部院堂官和督抚的姑息徇私之习，要求在“京察”“大计”中秉公查核。乾隆十八年（1753 年）以后，多次对“京察”各官亲自裁定。以后又宣布对过去一向不考核的各省其他官员亦须考核，并传谕京官可以密折奏闻所属官吏是否贤德。乾隆四十八年（1783 年）规定，“京察”“大计”中保举的卓异官如发现有犯赃行为，原保荐上司要受到议处。有资料统计，乾隆一朝，在考核中因“不谨”“罢软”而被革职的，因“老”“疾”被勒令“休致”的，因“才力不及”和“浮躁”而被降调的，合计达到六千多人，这在中国封建社会的政治史上也是少见的。

乾隆帝认为，提补官员，应当选择“年力精壮、心地明白者”，因而屡次对提补年老或是隐瞒提拔大臣年龄的官员从重处罚。他强调指出，衰庸老官“留一日即多误一日之事”，特制定八旗武职年老休致例和各类衰惫老官休致例。乾隆二十二年（1757 年）和乾隆三十三年（1768 年）分别规定部院属官 55 岁以上要详细甄别，“京察”二三等 65 岁以上要带领引见，“候朕鉴裁”。对于边疆办事司员，年过 60 以上就不许保送。他非常重视文官中的知县、武官中的总兵的年龄结构，因为“知县为亲民之官，一切刑名、钱谷、经手事件，均关紧要，自不便以年力就衰之人挺其滥竽贻误”；“总兵有整饬营伍、训练兵丁之责，岂可任年老衰颓之人因循贻误”。只有漕务职司可以“稍有区别”，其他任何“亲民之官”均不得以任何理由留于原任。

乾隆帝对自己身边的文臣要求更加严格。他即位后的第二年，在上谕中提出：“翰林乃文学侍从之臣，所以备制诏文章之选，朕看近日翰、詹等官，其中词采可观者固不乏人，而浅陋荒疏者恐亦不少，非朕亲加考试无以鼓励其读书向学之心。”他亲自命题、阅卷，命“自少詹讲读学士以下，编修检讨以上”皆要参加，且不许“称病托词”，考试后按其优劣分别升降。

这样的考试曾举行过多次。

（二）蠲免天下钱粮

乾隆皇帝非常强调预防自然灾害给农业生产带来的重大损失。他很注意水利建设，特别重视治理黄河。乾隆时期，解决黄河水患的关键工程在清口（今江苏淮阴西）、高家堰。清口地处黄淮交汇处，为河防要地，乾隆皇帝多次到这里勘察水情，亲自部署整治河道，对治导、疏浚、护岸等项工程做出了一些重要的决策。

水利建设的另一项大工程是海塘的修建，这是雍正时期就开始的。乾隆皇帝在位时，在江苏境内修建了自宝山至金山的“块石篓塘”，在浙江境内修建了自金山至杭县的“鱼鳞石塘”，在钱塘江南岸也修建了许多石塘和土塘。这些工程有力地保护了江浙一带富饶之区，使大片良田不致受到海潮的侵袭，对促进农业生产大有益处。

乾隆皇帝比较关心人民的疾苦。他认为，旱灾是逐渐形成的，可以防治在先；水灾则习骤至陡发，一旦洪水猝至，田禾浸没，庐舍漂流，生命财产荡然无存。他要求地方官员在水旱灾害发生后，一定要亲临灾区踏勘，“视百姓之饥寒为己身之疾苦，多方计议，此则封疆大吏之责无旁贷者”。他解决灾荒的措施大致有以下几种。

蠲免钱粮。因水旱灾害减免赋税的政策和范围，比康熙、雍正年间有所扩大。康熙、雍正时，被灾五分以下不免。乾隆皇帝说：“田禾被灾五分，则收成仅得其半，输将国赋未免艰难，嗣后著将被灾五分之处蠲免十分之一，用著为例。”除了因灾蠲免，还有国家有重大喜庆的恩蠲。乾隆皇帝在位60年，三次普免全国钱粮。

赈济。乾隆皇帝说：“查赈之方在于无遗无滥”。灾情勘实以后进行赈济，分为极贫、次贫等级别。极贫之户，于冬初先行赈济；其次则到寒冬，又次则待明春青黄不接之时。按照定例，极贫之户赈四个月，次贫者赈三个月，又次贫者赈两个月。有时候也酌情放宽，如乾隆四年（1739年）正月，因前一年江苏受灾，上谕称："三四月间正青黄不接之际，著将极贫之民加赈一个月，上江（今安徽省）去年歉收较下江（今江苏省）为甚，著将被灾五分以下之州县加赈极贫、次贫者一个月，被灾四分以下之州县加赈极贫一个月。"雹灾向无赈济之例，偶尔也有例外。

此外，还借给灾民口粮、种子、耕牛价银，一般不计利息，约期归还；也有以后蠲免不还的。在可以安排劳力的地区（如河工），还有以工代赈等措施。与此同时，鼓励商贩从事粮食运销。商人到歉收之省运销粮食，可以免米税。如直隶因灾歉收，令将经过山东临清、天津两关装载米豆之船免其纳税。浙江歉收，由芜湖、浒墅、北新三关前往浙江的外省米船一律免税。甚至可以开海禁调剂粮食，如允许奉天、直隶、福建、浙江等沿海省份商人贩运豆麦由海口转入内河。乾隆皇帝曾说："严禁米谷出洋，原以杜嗜利之徒偷运外洋，若出口、入口均系内地，自应彼此流通，岂可因噎废食？"

在封建社会，旱灾、涝灾、蝗灾等自然灾害，是连年不断的常见现象。乾隆皇帝能够把预防自然灾害和赈灾救荒放在重要地位，反映他比较重视黎民生计。这些措施如果认真办理，对于减轻灾情、度过荒年歉收，是有积极作用的。但由于封建社会晚期的种种弊病，政治腐败，各级官吏层层中饱私囊，自然灾害仍不免造成人民生命财产的重大损失。乾隆皇帝只好以"自古救荒无善策"来自解。至于蠲免钱粮，首先是对业主有利，对拥有少量土地的自耕农和无地的佃农，虽然多少也减轻了一些负担，但不能从根本上改变他们贫困的处境。乾隆中叶以后，封建统治由盛转衰，水利失修，广大农村灾害频发，流民遍地，使得社会矛盾更加尖锐。

（三）注重生产

乾隆皇帝秉承康熙、雍正两朝的施政，比较重视农业生产。他相信"民为邦本，食为民天"。"务本足国，首重农桑"。因此，他非常关心农事收成，关心水、旱、风、雹、虫等自然灾害，关心各地雨水、粮价。他深知年景丰歉、粮价涨落直接关系到社会秩序的安定和封

建统治的巩固。他遵守前两代皇帝的成例，命令各地大员必须定期向他报告天气情况、庄稼长势、谷物商情，隐瞒灾情是要受到严重处分的。如遇到天时久旱不雨，他便要到天坛、社稷坛、黑龙潭去祈雨。旱情严重时，要“下诏修省”，斋居，素服，不乘辇，不设卤簿，步行去求雨，同时命刑部清理庶狱，减刑，乃至命群臣“直言得失”。在他一生中，写下了许多诗文，有不少就是“喜雨”“报雪”等即兴吟咏之作，反映了他“崇敦本业”的思想。

在发展农业生产中，乾隆帝还十分注意提高耕作技术。他曾经比较我国南北方耕作技术的差异，认为北方粗放，南方精细，因此在上谕中说：“北方五省之民，于耕耘之术更为疏略，一谷不登即资赈济，斯岂久安长治之道？其应如何劝诫百姓或延访南人之习农者以教导之。”有的地区遍地皆桑，但不知蚕丝之利，乾隆帝责成地方官雇募别省种棉织布、饲蚕纺绩之人设局教习。为保持水土，乾隆帝还提倡植树，上谕说：“朕御极以来，轸念民依，于劝农教稼之外，更令地方有司化导民人时勤树植，以收地力，以益民生。”在治河、海塘等项工程中，他都嘱咐要多种树木。乾隆帝还经常训勉各地方官员要不误农时。

乾隆皇帝提倡开垦荒地。乾隆十一年（1746 年）三月为此发布的上谕称：“各省生齿日繁，地不加广，贫民资无生策，无论边省内地，零星土地听民开荒。”其实广东有山场地七万多亩，他鼓励该地人民耕种，一概免其“升科”，并责令地方官给予印照，垦荒者可以永世为业。贵州的荒地也少，他要求“穷民无力垦种者官给工本，分年扣还；豪强阻抑者，官给执照”。《熙朝纪政》一书载有清代垦田数字，雍正二年（1724 年）全国垦田 6837900 余顷，乾隆三十一年（1766 年）全国垦田 7915200 余顷，增长了 50%有余。

（四）大兴“文字狱”

文字狱自古以来就是统治者借挑剔文字的过错而兴起的大狱。清朝文字狱的兴起旨在震慑反清势力，维护清政府封建统治，其特征是：罪状由掌权者对文字的歪曲解释而起，证据也由掌权者对文字的歪曲解释而成。一个单字或一个句子一旦被认为诽谤元首或讽刺政府，即构成刑责。文字狱清代自顺治初就有，经过康熙、雍正两朝，到乾隆时期更为苛细频繁，案件比前朝合计增加了四倍以上。其株连的广泛，惩治的严酷，都大大超过了前两朝。

乾隆朝的文字狱，除了少数几起是追查清初文人著作中流露的反清思想外，大部分是望文生义，捕风捉影，任意罗织罪状，滥杀无辜。乾隆十八年（1753年），乾隆屡次到江南游历，民不聊生。江西长淮千总卢鲁生假借工部尚书孙嘉淦名义撰写劝止乾隆再下江南的奏章，辞意悲切，全国广为传颂。案发后卢鲁生被乾隆帝千刀万剐，两个儿子被处斩，受牵连定罪下狱的有一千多人。乾隆二十年（1755年），内阁大学士胡中藻所著《坚磨室诗抄》中有诗句“一把心肠论浊清”，乾隆帝认为他故意把“浊”字加在国号“清”字上，居心叵测，并认为试题是讥讽皇上，将胡中藻处斩；胡中藻的座师鄂尔泰已故，命人将他撤出贤良祠；鄂尔泰的侄子鄂昌因和胡中藻有交往，也被株连问罪，后来又因他的《塞上吟》诗中，称蒙古为胡儿，说他“忘本自诋”，令其自尽。乾隆二十九年（1764年），秦州知州赖宏典向北京官员请托谋求升迁，信里说“点将交兵，不失军机”，乾隆认为他明目张胆谋反，于是下令将他砍头。乾隆四十三年（1778年），江苏东台诗人、原翰林院庶吉士徐骏早已去世，遗著《一柱楼诗》中有“清风不识字，何故乱翻书”；“举杯忽见明天子，且把壶儿抛半边”。乾隆认为“壶儿”就是“胡儿”，显然诽谤政府，嘲讽满清没文化。乾隆帝下令将徐骏剖棺戮尸，儿孙和地方官员全部斩首。乾隆非常赏识内阁大学士沈德潜，作诗常请他删改，乾隆作不出诗时还请他秘密代笔。沈德潜死后，乾隆命他的家人进呈沈的诗集，发现他把代乾隆捉刀的诗也收录其中，这对乾隆的虚荣心是一个极大的打击。恰好诗集中有《咏黑牡丹》一首，有诗句“夺朱非正色，异种也称王”。乾隆认为是影射入主中原的满族为“异种”，下令将沈德潜剖棺戮尸。乾隆四十六年（1781年），致仕在家的前大理寺卿尹嘉铨所著书中自称“古稀老人”，又有句说“为王者师”。乾隆说“我自称古稀老人，早已布告天下，他怎么也敢自称古稀老人？”于是

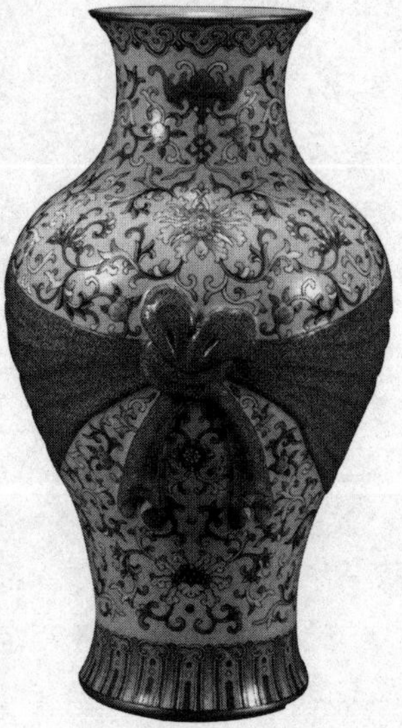

下令将其绞死。康熙时，戴名世的著作《南山集》，被当局认为有“政治问题”，遭到严惩，主犯戴名世被杀头，株连亲戚朋友几百人。五十多年以后，乾隆皇帝再次旧事重提，利用“南山集案”大兴冤狱，杀害了年逾古稀的举人蔡显，株连 24 人。

文化专制的突出表现就是大兴文字狱，文字狱是封建专制统治空前强化的产物。其根本目的是要在思想文化领域树立皇帝至高无上、生杀予夺的绝对权威。它对知识分子的诗文吹毛求疵，捕风捉影，无中生有，上纲上线，动辄杀头抄家充军，造成了政治上和学术上窒息的局面。读书人不敢议论时政，不愿意探讨与现实关系密切的义理经济，而把时间和精力用在古代典籍的整理上，寻章摘句，以逃避现实。乾隆帝统治后期，各地人民纷纷起义，使他注意力转移，顾不上在文字狱上吹毛求疵，不得不放松文网，文字狱才逐渐减少。

三、发展文化

（一）自身文化造诣

乾隆帝重视文物典籍的收藏与整理，清宫书画大多是他收藏的，令将内府珍藏编成《石渠宝笈》《西清古鉴》等。乾隆帝本人同时也是陶瓷艺术的爱好者，在其统治期间，中国的陶瓷工业有了长足的发展。直至今日，一些乾隆朝的收藏品和陶瓷宫廷用器还为故宫博物院、伦敦大卫基金会所收藏。

乾隆皇帝自幼就接受汉族传统文化教育，四书五经、诗词歌赋、书法绘画，无一不精，文化修养很高，执政后也十分重视文化建设，“稽古右文，崇儒兴学”。他对于书法的嗜好和倡导，比之祖父康熙更胜一筹，历经数年，刻意搜求历代书法名品，御览、御批、钦定多部传世藏帖，集我国历代书法艺术之大成，特建“淳化轩”藏《淳化阁帖》，一时帖学之风大炽。大学士梁诗正等赞曰：“皇上性契义爻，学贯仓史，每于万机之暇，深探八法之微。宝翰所垂，云章霞采，凤翥龙腾。综百氏而集其成，追二王而得其粹。又复品鉴精严，研究周悉，于诸家工拙真赝，如明镜之照，纤毫莫遁其形。仰识圣天子好古勤求，嘉惠来学，甄陶万世之心，有加无已。”

乾隆的书法从学习赵孟頫入手。乾隆本人雅赏赵孟頫的书法，心慕手追，身体力行。游览名胜每到一处，作诗纪胜，御书刻石，其书圆润均匀，在宫中、御园、名胜古迹、寺庙等几乎到处可见其墨迹，至今海内乾隆御碑甚多，其擅书之名早已远播。

从他的书法作品中可以发现，书学起步仍是康熙时流行的宫廷书法，后在承学各家中选定赵孟頫丰圆肥润的书法。从存世的乾隆书迹看，他的字字体稍长，楷书中多有行书的笔意，行书中又往往夹杂着草书的韵味，点画圆润均匀，结体婉转流畅，缺少变化和韵味，并无明显的成就，这或许体现出一代天子的气度，评者称其“虽有承平之象，终少雄武之风”。

（二）编写《四库全书》

清王朝竭力吸收并利用汉族的思想文化，以巩固封建统治。为了笼络汉族知识分子，表示“稽古右文，崇儒兴学”之意，康熙、雍正、乾隆时都网罗大批的知识分子，大规模地搜集、编纂和注释古代典籍。

最大规模的编书是乾隆朝所编写的《四库全书》。乾隆后期，由于社会阶级矛盾日益尖锐，乾隆帝渐渐改变以前打压下级知识分子的做法，转而拉拢。他

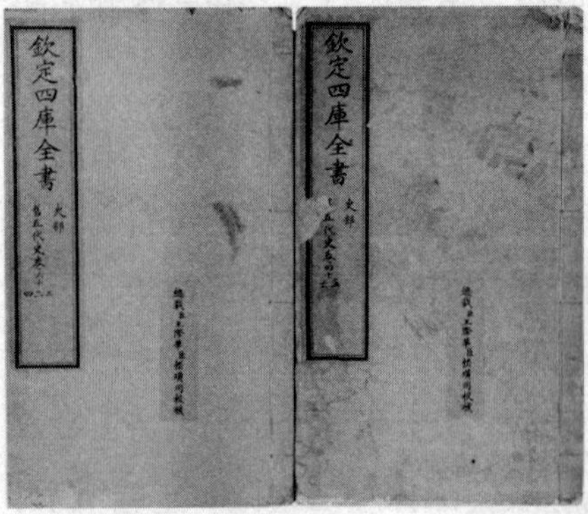

将大量知识分子召集到一起编撰了大型典志书《续典通》《续志通》和《续文献通考》。最突出的文化成就是在全国范围内征集图书，以著名文人纪昀为总裁，组织了包括戴震、姚鼐和王孙念等人在内的 360 余人，历时 15 年，编写了我国历史上规模最大的丛书——《四库全书》。乾隆三十七年（1772 年），安徽学政朱筠奏请自《永乐大典》中辑录古代典籍，乾隆皇帝亲自批准设置四库全书馆，准备以十年时间，集中大批人力物力纂修一部规模庞大的丛书《四库全书》。编纂工作从乾隆三十八年（1773 年）开始，至乾隆五十二年（1787 年）《四库全书》缮写完毕，历时十多年，以后又校对错误缺漏，并补充了一批书籍进去，直至乾隆五十八年（1793 年）编纂工作才全部完成。它基本上包括了我国历代的重要著作，分经、史、子、集四部，共收图书 3457 种，79070 卷，包罗宏大，丰富浩瀚，收录书籍远远超过历史上任何一部官修的大类书，《四库全书》共 36000 卷，其卷数是《永乐大典》的 3 倍，篇幅之多可谓集我国古籍之大成。该书对以往学术作了较全面的总结，保留了大量有价值的古籍，对古籍整理和总结文化遗产有一定贡献，成为我国古代思想文化遗产的总汇。

《四库全书》共缮写七部，分藏于宫中文渊阁、圆明园文源阁、沈阳文溯阁、承德避暑山庄文津阁和扬州文汇阁、镇江文宗阁、杭州文澜阁。文渊、文源、文津、文溯称为“内廷四阁”，又称为“北四阁”，大臣经过批准可以查阅。文汇、文宗、文澜被称为“江浙三阁”，又称为“南三阁”，乾隆帝南巡时谕令

准许读书人前往抄阅，但不得私自携带出阁。还有一部副本藏于翰林院。可惜圆明园文源阁本毁于英法联军之役，翰林院副本毁于八国联军之役，扬州文汇阁、镇江文宗阁藏本毁于太平天国战火。原在承德避暑山庄文津阁的一部最完整，现藏于北京图书馆。

在编纂《四库全书》的同时，乾隆帝命人对全国书籍做了一次大规模的检查、查禁、销毁和删改。在开设四库全书馆征求天下遗书的第二年，即乾隆三十九年（1774年），上谕中提出："明季末造，野史甚多，其间毁誉任意，传闻异词，必有抵触本朝之语。正当及此一番查办，尽行销毁，杜遏邪言，以正人心而厚风俗，断不宜置之不办。"此后，在各地遍贴圣谕，劝令藏书之家呈交"违碍"书籍；官府也派人到各地查访，对各类书籍进行甄别，将查到的禁书送往北京；四库全书馆也从采进本中查寻禁书。这些禁书由乾隆帝过目批准后，在武英殿前投炉烧毁。

所谓"悖逆"和"违碍"书籍，开始时是指明末清初史书中对于清代不利的一些记载，如清人进关后，对前世为明代臣仆，受过明代册封等都不愿意提起，甚至禁止称入关前为"建州卫""女真"。乾隆帝有意要湮灭这些史迹，同时要禁绝明末清初一些思想家、文学家，如顾炎武、黄宗羲等人著作中的民族意识和进步思想。以后查禁书的范围有所扩大，从明人著作只要"议论偏谬尤甚者"也在查禁之列。后来稍稍放宽，著作中只要"改易违碍字句"，可以不用销毁。乾隆四十七年（1782年）十一月，正式颁布了四库全书馆拟定的《查办违碍书籍条款》，以后还陆续颁布一些补充规定。在查缴禁书中，有二十多人的著述被焚毁，其中有吕留良、屈大均、金堡、戴名世、尹嘉铨等。不但把这些书烧了，还要追查印书的版片。乾隆帝共下令烧毁了多少书籍，当时没有精确的统计，后世有人据《禁书总目》《办理四库全书档案》等史料考证，销毁的书籍达到三千余种，六七万部以上，这是乾隆帝打着"文治光昭"的旗号干的愚蠢之事。

四、巩固边疆

乾隆帝自称文治武功为古今第一人，在“武功”方面，乾隆时期也号称极盛，先后有两次平定准噶尔之役，回疆之役，大、小金川之役，两次廓尔喀之役，缅甸之役，安南之役等。

乾隆帝对这些战役都非常重视，亲自遴选将帅，批示奏章，每克一敌一城，都要举行盛大的仪式，祭告宗庙，大赏有功的将士；又在紫禁城建紫光阁，将一些在战役中有功之臣绘像于其上，赋诗立传，极尽渲染之能事。

其中对历史影响最大的是西北方面的军事行动，密切了中原与少数民族的关系，加强了中央集权。

（一）平定西北

蒙古准噶尔部首领噶尔丹被康熙击败后，他的侄子策妄阿拉布坦在西北仍拥有很大的势力，控制了新疆、西藏、青海等地，并时常煽动这些地区的少数民族与清廷为敌。策妄阿拉布坦死后，其子噶尔丹策零继续统领其众。乾隆时期，遇上蒙古准噶尔部内乱的大好时机，1755年，乾隆帝亲率大军，前往西北镇压一贯时服时叛的准噶尔部叛乱。由于乾隆准确判明形势，分兵而进，准噶尔军纷纷投降。清军兵不血刃进入伊犁，随后在南疆维吾尔族人民支持下，将逃往南疆叛乱首领达瓦齐抓获。乾隆将其押往京城，却在痛斥其叛乱行径后，不但赦免其罪行，还封其为亲王，并留他在京城居住。此举得到西北各少数民族拥戴。噶尔丹策零外甥阿睦尔撒纳降而复叛，清朝政府在1757年第二次出兵，终于完全清除了准噶尔部的反叛势力。这场战争，从噶尔丹时代算起，持续了近70年。

准噶尔部平定之后，维吾尔族的首领大和卓木、小和卓木回到新疆，策动维族各部反清。乾隆被迫第三次对西北用兵，这场战争延续了三年，终于迫使大、小和卓木逃亡国外。随后，乾隆帝设置伊犁将军，并在喀什等地设参赞大臣、领队大臣等职位，同时大幅减轻了维族地区的赋税负担。西北 190 多万平方公里的土地，终于巩固在中央政权之下。

（二）征讨西南

1747 年和 1766 年，乾隆帝先后对大小金川用兵（大金川、小金川），都取得胜利；但是也打得十分艰苦，两次反叛总共持续了近三十年，贯穿了乾隆统治期的中段。乾隆两杀主帅，耗银七千余万两，才压服了这里的反对势力。乾隆帝反对对西藏用兵，坚持以达赖喇嘛管理西藏地区，并派遣军队以维持主权。此后清军曾远征缅甸和尼泊尔，迫使其承认自己的宗主国地位。

1791 年，廓尔喀（今尼泊尔）进犯西藏，到处烧杀抢掠，使西藏人民遭受了极大灾难。乾隆帝立即派福康安和海兰察率军迎击，并很快将廓尔喀逐出西藏。事后，乾隆帝反思西藏行政体系弊端，遂命福康安与达赖、班禅共同制定西藏善后章程，这就是著名的《钦定西藏章程》。

乾隆帝对西藏的治理是康乾盛世一项主要的内容,它有力地维护了祖国的统一和多民族国家的发展，为中华民族大家庭的共同进步谱写了动人的乐章。从乾隆治理西藏的做法和特点入手，可为巩固社会主义民族关系提供借鉴。《钦定西藏章程》二十九条协议章程，是西藏历史发展上具有划时代意义的文件，有人认为它标志着清朝对西藏的统治从此“进入全盛时期”。乾隆帝在其中扮演了主要角色，起了决定性的作用：清廷首次整顿西藏经济秩序；把西藏地方的财政大权收回，由中央进行监督管理，并实行财政补贴；实行广泛的蠲免赋税政策，减轻西藏人民的负担。如废止私用乌拉差役，减轻农牧民的徭役负担。清除不合理的差税，减轻边寨人民的负担。蠲免历年积欠赋税钱税，抚恤赈济灾民。核查官庄各项定额，限制领主代理人剥削超额地租；改革地方币制，自铸西藏银币。促进西藏经济和贸易的繁荣发展；改革对外贸易政策，由驻藏大臣合理管制内外商贸；

对贸易实行合理课税，增加财政收入。注重利用外贸服务西藏民生；改善藏军的后勤供应，减轻西藏地方的财政负担。

（三）对越战争

1787年，越南爆发西山三兄弟起义，末代黎朝国王出逃，寻求帮助以恢复他在升龙府（今河内）的统治。乾隆帝应允了他的要求并派出大批军队帮助他平定起义。1788年，清朝军队攻克了升龙府，但几个月后的春季，便遭到了阮惠及其所部发动的强烈攻势而再次沦陷。此后的90年中，对于越南事务和黎王及其家族，清政府只是作了外交上的保护。

乾隆的军事扩张给清朝增添了数百万平方公里的疆域，也带来了许多少数民族——哈萨克族、鄂温克族和蒙古族等。军事扩张也占用了帝国庞大的国库开支，这也成为清末国力衰弱，面对西方列强时清政府束手无策的一个间接原因。

（四）对苗疆事务处理

雍正年间，在鄂尔泰主持下，在云南、四川、贵州、广西、湖广等地区实行“改土归流”。这是一次重大的社会变革，具有积极意义，然而后果难测。“改土归流”后，原有土司的势力仍然存在，而地方官征粮不善，雍正十三年便发生了大规模苗乱。

为平息这次苗乱，雍正下旨成立了办理苗疆事务处，并调湖南、湖北、广东、广西、云南、贵州六省兵进行围剿，然而，因文武将官不睦，指挥欠佳，日久无功，苗患日炽，鄂尔泰因此引咎辞职，削去伯爵。雍正本人对“以安民之心，而成害民之举”的结局，亦有些犹豫不定，甚至想要接受张照所提出的“弃置”的想法，直到他驾崩，问题未得解决。

乾隆帝登基伊始，便表明决不“弃置”的态度，把扭转苗疆形势当做最紧迫的大事，立即着手部署。他于雍正去世的第二天曾言：“目前要紧之事，无有过于西北两路及苗疆用兵者！”表明他对苗疆用兵的特别关注。乾隆帝原就会同亲王、大臣在苗疆事务处办理，对其中情形原委尤为熟悉，很快就上手，且决心平定叛乱，告诫前线将帅速速平叛，若不然，“则伊等之身家不足惜，而贻误国家军务之罪甚大，朕必按法究治，断不姑贷”。

八月二十八日，乾隆帝降旨招回抚定苗疆大臣张照，命湖广总督张广泗前往贵州料理苗事。十月初二，又授张广泗为经略，诏“自扬威将军哈元生、副将军董芳以下，俱听张广泗节制调遣”，使清军前线指挥权完全由张广泗统一掌握。十一月，张广泗抵贵州战场，经一番调整后，向弘历奏报清军用兵数月未能进展的原因，弘历接到张广泗的奏折后，立即将张照、董芳、元展成撤职查办，哈元生罢扬威将军，以提督听命张广泗调遣，命张广泗兼任贵州巡抚，集军政大权于一身。十二月，张广泗率大军至凯里，命副将长寿出空稗，总兵王无党出台营，自率大兵出清江之鸡摆尾，三路大军每路各五千余人，同时出发。清军连破上九股、卦丁等苗寨，烧毁叛苗巢穴。乾隆元年正月，余苗退入牛皮大箐。

乾隆帝继位后，仅用一年的时间便彻底平定遍及贵州全省的苗乱。乾隆深知苗疆叛乱是有一点官逼民反的意味，攻苗疆容易，守苗疆难，要想苗疆安定，必须先收买苗族人心。他收复苗疆后采取了几项措施以抚慰苗人之心：第一，免除苗赋；第二，尊重苗俗；第三，实行屯田；第四，慎选苗疆守令，责令今后委任的官吏，必须公正无私，以减少苗民的抵触情绪。乾隆这些因地制宜的措施，使得贵州苗疆基本上安定下来。

清代康熙、雍正、乾隆三朝，最突出的成就是奠定了中国这样一个版图辽阔的多民族统一国家的基础。乾隆帝完成了对新疆、西藏行政体制的改革，加强了对这些地区的管辖，使我国的版图最后稳定下来。这时的疆域，东北至外兴安岭、乌弟河和库页岛，西北到巴尔克什湖和葱岭，南及南海诸岛，东括台湾及其附属岛屿钓鱼岛赤尾屿等。在这个境域之内，除顺天府和盛京外，还划有直隶(今河北)、山东、山西、河南、陕西、甘肃、

四川、湖北、湖南、广东、广西、福建、江西、安徽、浙江、江苏、云南、贵州十八行省，以及内蒙古、青海蒙古、喀尔喀蒙古、唐努乌梁海、新疆、西藏等几个边疆特区。国土辽阔和国势强大，边疆地区对清朝中央政府向心力日益加强，国内各族人民经济、文化的联系，都是以往任何朝代所不能比拟的。这是清王朝超过历代封建王朝取得的历史业绩。清代的大一统是中国历史长期发展的必然结果，但乾隆帝个人的作用也是不能抹杀的。

五、对外交往

（一）土尔扈特部的回归

土尔扈特部是清代厄鲁特蒙古四部之一。元臣翁罕后裔。原游牧于塔尔巴哈台附近的雅尔地区，17世纪30年代，其部首领和鄂尔勒克因与准噶尔部首领巴图尔浑台吉不合，遂率其所部及部分杜尔伯特部和硕特部牧民西迁至额济勒河(伏尔加河)下游，自成独立游牧部落，但仍不断与厄鲁特各部联系，并多次遣使向清朝政府进贡。康熙五十一年(1712年)，康熙帝派出图理琛使团，途经俄国西伯利亚，两年后至伏尔加河下游，探望土尔扈特部。乾隆二十一年(1756年)，土尔扈特汗敦罗布喇什遣使吹扎布，借道俄罗斯，历时三载，到达北京，向乾隆帝呈献贡品、方物、弓箭袋等。

土尔扈特人自迁至伏尔加河下游后，不断反抗沙皇俄国的侵略与奴役。17世纪60年代，俄国著名农民领袖拉辛领导顿河农民起义后，伏尔加河两岸土尔扈特人民纷起响应。17世纪末，土尔扈特著名首领阿玉奇汗率领部众积极支持巴什基尔人的起义。18世纪初，土尔扈特人民仍不断掀起武装起义，反抗沙俄在伏尔加流域的统治。乾隆三十六年，土尔扈特部首领渥巴锡(阿玉奇汗之曾孙)为摆脱沙俄压迫，维护民族独立，率领部众发动了武装起义，并冲破沙俄重重截击，历经千辛万苦，胜利返回祖国。

乾隆非常重视和欢迎土尔扈特部回归伊犁。有的大臣却认为："自弃王化，按之国法，皆干严谴，事属可伤，实则孽由自作。"（《癸巳存稿》卷六）不主张抚慰。有的大臣说："以抢伊犁之故，其部众悼于远徙。"认为渥巴锡想趁准噶尔新亡，利用真空来抢伊犁，所以东归。作为清政府也有这样一种考虑，担心返归土尔扈特部众重返故地后，会扰犯边地，破坏边疆刚刚获得的安宁。

乾隆三十六年三月二十四日（1771年5月10日），乾隆在得悉土尔扈特部

归来消息的两天后，增派正在返京途中参赞大臣舒赫德，命其“在何处接旨就此立即返回伊犁，协助伊勒图（时为伊犁将军）办事，此去伊犁，不必声张，务必谨慎，伊到彼处，真有其事，可细心从事。（《满文土尔扈特档案》乾隆三十六年三月二十二日折，第四十二件）。”

乾隆在得到舒赫德各种密报，及时得到了阿布赉汗向伊犁将军关于土尔扈特东归的报告和渥巴锡派格桑喇嘛快马向清政府的说明东归的报告，又认真听朝廷大臣的议论，在分析了这些大量材料后认为：“土尔扈特部归顺，是因为俄罗斯征调师旅不息，并征其子入质，且俄罗斯又属别教，非黄教，故与全族台吉密谋，挈全部投中国兴黄教之地。”乾隆从当时土尔扈特实际处境来看：“彼已背弃俄罗斯，岂敢与我为难，是其归顺十有八九，诡计之伏十之一耳。”他指示廷臣对土尔扈特东返的意图，不必多加疑虑。

然而清朝的廷臣和民间的野史为了维护清政府的利益，仍然是众说纷纭，不时俱奏条陈。乾隆根据得到的情报，最后做出了符合实际的判断：“明知人向化而来，而我以畏事而止，且反至寇，甚无谓也。”并进而制定了收抚土尔扈特部落的方针。

乾隆得知渥巴锡率土尔扈特十六万余人从伏尔加河出发，而到达伊犁仅剩七万余，不足其半，并且牲畜衣物尽失，“冻馁尪瘠之形，时悬于目而恻于心”。他感到对土尔扈特部万里归来，不能仅停留在口头上给予欢迎，而且还应当切实解决他们面临的生活困难。他说：“夫以远人向化，携孥挈属而来，其意甚诚，而其阽危求息，状亦甚惫。即抚而纳之，苟弗为之赡其生，犹弗纳也。赡之而弗为之计长久，犹弗赡也。”乾隆说自己为此寝食不安，昼思夜想，了解困难详情，商讨赈济之方，无暇无辍，终于想出比较周密的解决办法。在乾隆的亲自布置下，清政府从陕西藩库贮银中调用二百万两运往甘肃购买物资。具体来讲，从游牧于伊犁、塔尔巴哈台、察哈尔的厄鲁特牧民中购买马牛羊九万五千五百多只，又从清政府直辖的达哩刚爱、商都达布逊牧群拨出牛羊十四万，要求张家口都统常青负责将牲畜送往伊犁。又调官茶两万余封，屯田仓米四万一千石，从甘肃边内外及南疆各城购羊裘五万一千件，布六万一千匹，棉花五万九千余斤，毡庐四百余具，命陕甘总督吴达善和陕西巡抚文绶具体负责购买和运送这些物资，伊犁将军伊勒图负责物资发放事宜。乾隆要求伊勒图务必做到“口给以食，人授之衣，分地安居，使就米谷，而资耕牧”，保证归来的广大牧民建立起新的家园。此外，乾隆皇帝还连续八年免除土尔扈特部赋税。直到1871年，国家百年未征土尔扈特部兵丁。

为土尔扈特部落回归祖国，清政府和俄国政府进行了针锋相对的斗争。早在乾隆三十六年三月（1771年4月），俄国政府致函清政府，如土尔扈特叛逃到大清，要求送还。乾隆作了认真考虑后指出，土尔扈特部为清朝臣子和人民，清朝理应安置，我们也绝不会送还给你们。

理藩院在乾隆三十六年七月四日（1771年8月13日）致俄国萨纳特衙门（枢密院）的咨文中明确宣称：“土尔扈特渥巴锡等并非我们武力征服归来我国的，也不是我们从俄罗斯设计骗来的，是他们居住在俄罗斯忍受不了你们俄国政府压迫，希望得到我们皇帝的恩典，愿意做我国的臣民，精诚寻求来的，既然是如此恭敬顺从归附清朝，难道还有交给你们俄国治罪的道理吗？这是绝对不可行的事情。”（《满文土尔扈特档案》乾隆三十六年七月四日折）

1772年8月12日，俄国萨纳特衙门再次行文清政府理藩院，要求将土尔扈特部交予俄方，甚至以武力威胁。理藩院即于乾隆三十六年七月八日（1771年8月17日）复文：第一，俄国来文称，邻近各国都没有容留别国属民的例子，清政府不应容留土尔扈特人。第二，俄国政府来文称，将俄国杜丁大尉等一百五十名俘虏放回。第三，俄国政府来文称清政府如不满足俄国的要求，就是不信守和平友好的誓言，恐怕要战争不停，人民没有安宁定居的日子。清政府答复或者用战争，或者用和平，我们清朝政府就看你们俄国政府自己拿主意了……我们大清朝皇帝只有想安慰扶养人民大众，一定不肯轻信别人说什么废除和好的信约，你国如果想违背抛弃以前的协议，那就请便吧！表明清政府信守《尼布楚条约》，绝不会屈服于俄国的武力威胁。

同时清政府通知伊犁将军舒赫德和渥巴锡，指出俄国政府来文的诬蔑和妄想的不实之词，说明来归的土尔扈特部人民绝对不可能再送还给俄国的道理。清政府在这次外交斗争中，义正词严，不怕威胁，致使俄国的无理要求彻底失败。

（二）马戛尔尼入觐

乾隆面对西方殖民侵略采取强硬的态度，断然拒绝殖民者的无理要求。对于诚意遣使来华的国家，乾隆则采取友好态度，但仍然一律拒绝通商。

整个 18 世纪中叶，乾隆面临着日益强大的西方列国的威胁和不断增长的国际贸易的压力，但依然盲目沉浸在自己“中央之国”的地位中。在这种情况下，中英两国一次较大的文化冲突到来了。

乾隆五十七年（1792 年）九月，由前驻俄公使、孟加拉总督马戛尔尼率领的由科学家、作家、医官及卫队等 90 人组成的使团，携带天文仪器、车船模型、纺织用品和图画等六百箱礼品，乘船自朴次茅斯启程。使团带有英王庆贺乾隆帝 83 岁寿辰的信函和国书。

乾隆帝对英使首次来华极为重视。1793 年 8 月，马戛尔尼一行抵达大沽，旋由接待大员陪同经北京前往热河(今河北承德)行宫。关于觐见礼节，马戛尔尼拒绝行跪拜礼。军机大臣和珅在热河约见使团，马戛尔尼称病不见，只派副使斯当东前往要求举行谈判。乾隆帝称该使“妄自骄矜”，对其来华别有所图，更具戒心，但仍表示可“顺其国俗”，行免冠屈一膝深鞠躬礼。

1793 年 9 月 14 日，马戛尔尼在承德避暑山庄万树园觐见乾隆帝，正式递交国书并参加万寿节活动。马戛尔尼多次想与其讨论两国贸易和建交问题，均无结果。10 月 3 日，英使提出书面要求六点：准英商在舟山、宁波、天津等地贸易；准英商在北京设货栈；于舟山附近指定一小岛，为英商停泊、居留、存放货物之所；在广州附近辟一地，准英商享有与上款相同的权利；英商在澳门、广州内河运货得免税或减税；粤海关除正税外悉免其他一切税收，中国应公布关税额例，以便遵行。

乾隆以所请与“天朝体例”不合，一一驳回，并说“天朝物产丰盈，无所不有，原不藉外夷货物以通有无”，警告英人不得再到浙江、天津贸易，否则必遭“驱逐出洋”。至此，马戛尔尼的使命归于失败。10 月 7 日，使团一行乘船由运河南下杭州，然后改行陆路至广州离境，于次年 9 月回到英国。

马戛尔尼在回程路上写的“纪事”中说：“我们的许多书里都把汉族和鞑靼族混淆了，好像他们是一个民族。可是清君却在时刻关注着这权力的诞生地。”“在热河，鞑靼皇帝从他们祖先的传统中汲取营养。这时他们并不是完全在中国，也不仅仅只是在中国。”“两个世纪过去了，换了八个或十个君主，但蒙古人还是没有变成印度人；过去的一个半世纪也没有把乾隆变成一个中国人。”

马戛尔尼归国后将自己清帝国一行写成游记，对乾隆治下人民生活穷困，思想愚昧多有记载，其得出结论：“清政府的政策跟自负有关，它很想凌驾各国，但目光如豆，只知道防止人民智力进步。满洲鞑靼征服以来，至少在过去一百五十年里，没有改善，没有前进，或者更确切地说反而倒退了。当我们每天都在艺术和科学领域前进时，他们实际上正在变成半野蛮人。一个专制帝国，几百年都没有什么进步，一个国家不进则退，最终它将重新堕落到野蛮和贫困状态。‘清朝’不过是一个泥足巨人，只要轻轻一抵就可以把他打倒在地。”

六、骄奢生活

（一）六下江南

乾隆帝秉政时，清朝的统治达到了鼎盛的阶段，经济已经恢复并有较大的发展。到乾隆中期，全国耕地面积已经超过明末耕地的最高数字，达到六百余万顷，比顺治末年增加了三分之一左右。已经拥有了两亿多人口。随着商业的发展，城市也日趋繁荣。社会财富大量积累起来，统治阶级追求享乐之风也日盛一日。皇帝居于封建统治的最高层，饮食服御，骄奢淫逸，达到了惊人的程度。

乾隆帝即位后便效仿祖父康熙帝，六下江南考察民情。

康熙皇帝的六次南巡旨在检查堤防和了解东南地区的社会和民生疾苦，每次都很俭朴。而乾隆南巡，虽然不能完全否定其对巩固政治的作用，但他更偏重游山玩水，奢侈豪华，所花费用超过了康熙十倍，不仅加重了百姓负担，还造成了奢靡的社会风气。乾隆帝的南巡集团声势浩大，每次都在万人以上，所到之处大肆铺张，修行宫，搭彩棚，办酒宴，极尽奢侈糜费。自北京到杭州，往返六千余里，途中建行宫 30 处；每隔二三十里设尖营。巡行队伍沿运河南行，船只千余艘。随行的有后妃、王公、亲贵、文武百官以及担任警卫扈从的大批士兵。帝后妃嫔乘坐的御舟，用纤夫 3600 名，分六班轮流拉纤。搬运帐篷、衣物、器具，动用马匹 6000 匹，骡马车 400 辆，骆驼 800 只，征调夫役近万人。不仅地方官要进献山珍海味，土产方物，还要从全国各地运来许多食品，连饮水都是从北京、济南、镇江等地远道运去的泉水。

江苏学政（教育厅长）尹会一曾上奏章说南巡造成“民间疾苦，怨声载道”，乾隆大为光火：“民间疾苦，你指出什么地方疾苦？怨声载道，你指出什么人载道？”被乾隆封为“满清第一才子”的皇家教师纪晓岚曾趁便透露江南人民的财产已经枯竭，乾隆怒不可遏：“我看你文学上还有一点根基，才给你一个官做，其实不过当做娼妓豢养罢了，你怎么敢议论国家大事？”

（二）兴建、维护皇家园林

乾隆除了下江南游荡猎奇外，还大兴土木，花费巨资修建了不少宫殿、园林和寺庙。雍正时开始扩建圆明园，乾隆帝即位后又花费大量人力、物力和财力增修扩充，许多景观是仿照江南园林修建的。东造琳宫，西增复殿，南筑崇台，北构杰阁，说不尽的巍峨华丽。又经文人学士，良工巧匠，费了无数心血这里凿池，那里叠石，此处栽林，彼处莳花，繁丽之中，点缀景致，不论春秋冬夏，都觉相宜。又责成各省地方官，搜罗珍禽异卉，古鼎文彝，把中外九万里的奇珍，上下五千年的宝物，一齐陈列园中，作为皇帝家常的供玩。为皇太后 60 岁生日修建的清漪园（颐和园的前身），工程历时 15 年，耗费白银近 450 万两。承德避暑山庄和周围宏伟的寺庙群（指外八庙），大部分也是乾隆时期修建的。仅须弥福寿之庙和普陀宗乘之庙的鎏金铜瓦就用去黄金 3 万两。乾隆后来也感到南巡和营建过于耗费民力，他说：“朕林御四十余年，凡京师坛庙、宫殿、城郭、河渠、苑圃、衙署，莫不修整。皆物给价，工给值。然究以频兴工作，引为已过。”尽管乾隆帝承认糜费太大，但他晚年仍复如此。

这些皇家园林，无不体现着清代园林文化的辉煌，是园林艺术史上的一串串璀璨的明珠。除圆明园被八国联军焚毁外，其他多成为世界文化遗产。